JN431168

신약성경 이야기

신약성경 이야기

초판 1쇄 발행 2020년 12월 24일

지은이 김병국
펴낸이 장대윤

펴낸곳 도서출판 대서
등록 제22-2411호
주소 서울시 서초구 방배동 981-32
전화 02-583-0612 / 팩스 02-583-0543
메일 daiseo1216@hanmail.net

디자인 참디자인

ISBN 979-11-86595-63-3 (03230)

* 책 값은 뒤표지에 있습니다.
* 잘못된 책은 교환하여 드립니다.

이 책은 신 저작권법에 의하여 한국 내에서 보호받는 저작물이므로
무단 전재와 무단 복제를 금합니다.

Photo by freepik.com

신약성경 이야기

New Testament Stories

김병국 지음

도서출판 대서

목차

머리말

이 책은 이미 기독교 신앙을 가지고 계신 분들에게 신약성경을 소개하기 위해 쓰인 것입니다. 그런데 집필을 거의 마칠 무렵 '아, 혹시 기독교 신앙이 없으신 분이 성경에 대한 호기심 때문에 이 책을 읽을 수도 있겠다'라는 생각이 들었습니다. 그래서 기독교 자체를 소개하는 글을 머리말에 넣고자 합니다.

하나님께서 세상을 창조하셨습니다. 제일 마지막에 인간을 창조하셨는데, 인간은 특별히 하나님의 형상대로 창조하셨습니다. 하나님과 교제할 수 있는 능력을 인간에게 주신 것입니다. 하나님께서는 자신의 형상을 가지고 있는 인간들을 지극히 사랑하셨습니다. 하지만 인간들은 하나님의 신뢰와 사랑을 저버렸습니다. 죄를 범한 것입니다. 죄인은 하나님과 교제할 수 없습니다. 하나님과 분리된 그들에게는 죽음이 찾아왔고, 지옥의 형벌이 그들을 기다리게 되었습니다.

하나님께서는 그 상황을 그대로 내버려 두실 수가 없었습니다. 그래서 하나님의 아들을 세상에 보내셨습니다. 그분이 예수님이

십니다. 예수님께서 우리들의 죄를 위해 십자가에서 피를 흘려 죽어 주셨습니다. 예수님은 사흘 만에 무덤에서 부활하셨고 자신을 수많은 사람들에게 보이신 후 하늘로 승천하셨습니다. 이제 예수님을 믿는 자는 죄 용서함을 받고 하나님의 아들딸이 됩니다.

하나님께서는 지금 매서운 눈초리로 우리의 결단을 체크하고 계신 것이 아닙니다. 하나님은 우리를 사랑하시기 때문에 아들을 세상에 보내셨고, 우리가 하나님께 돌아갈 수 있는 길을 열어 주셨고, 우리가 그 길을 선택해서 하나님께로 돌아오기를 간절히 바라고 계십니다. 우리가 예수님을 주님으로 영접하는 순간 우리는 하나님의 자녀로 다시 태어납니다. 우리는 하나님의 자녀로서 남은 평생 동안 하나님과 교제하면서 살다가 죽은 다음에는 영원한 천국으로 가게 됩니다.

하나님의 자녀가 된 자들이 남은 인생 동안 해야 할 일은 하나님의 뜻에 순종하며 사는 것입니다. 하나님께 순종하기 위해서는 성경을 알아야 합니다. 성경 속에 하나님의 뜻이 드러나 있기 때문입니다. 그래서 하나님을 사랑하는 사람들은 성경을 사랑합니다. 이 책은 하나님을 사랑하는 사람들이 성경을 더 잘 이해할 수 있도록 돕기 위해서 쓰였습니다. 이 책을 통해 많은 분들이 도움을 받으시고 하나님께서 영광을 받으시기를 바랍니다.

2020년 11월 | 김병국 교수

제1장

…

간추린 신구약 중간사

01
간추린 신구약중간사

하나님께서 신구약중간기를 주신 이유

이 부분은 제가 쓴 『신구약 중간사 이야기』(도서출판대서, 2013)라는 책의 요약입니다. 여기서는 아주 간단하게만 요약했으니까 역사에 관심이 있으신 분들은 그 책을 참조하시기 바랍니다.

우리가 얼핏 생각하면 구약의 말라기 선지자 이후에 조금 있다가 세례 요한이 등장했으면 좋을 것 같습니다. 그렇다면 깔끔하게 구약과 신약이 이어질 것 아닙니까? 하지만 그러면 안 됩니다. 신약시대가 시작되기 위해서는 준비기간이 필요했습니다. 구약에서 하나님께서 계시를 주시는 대상은 주로 유대인들이었고 그들의 활동무대는 주로 팔레스타인과 그 주변지역이었습니다. 하지만 신약 시대에 하나님의 계시의 대상은 세상 모든 사람들이고 그들의 활동무대는 전 세계입니다.

유대인들을 중심으로 한 제한적인 종교에서 전 세계인들을 대상으로 한 세계종교로 바뀌기 위해서는 준비 작업이 반드시 필요했습니다. 그 준비 작업을 하나님께서 하셨고 그 작업을 하신 기간이 바로 신구약중간기였습니다. 갈라디아서 4장 4절은 "때가 차매 하나님이 그 아들을 보내사 여자에게서 나게 하시고 율법 아래에 나게 하신 것은"이라고 말씀합니다. 우리말로는 "때가 차매"라고 네 글자로 번역되어 있는데 헬라어 원어로는 무려 일곱 단어입니다. 직역을 하면 "그리고 시간의 꽉 참이 도래했을 때에"입니다. 하나님이 계획하셨던 시간이 있었고, 그 계획된 시간이 더도 말고 덜도 말고 꽉 찼을 때, 바로 그 때에 예수님이 세상에 오셨다는 뜻입니다.

복음 전파를 위해 하나님께서 예비하신 일들

그렇다면 예수님의 복음이 빨리 전파되도록 하기 위해 하나님께서 신구약중간기 시대에 예비해 놓으신 일들은 무엇이었을까요? 저는 네 가지를 꼽고 싶습니다. 그것들은 첫째, 유대인들의 회당에 모였던 '하나님을 경외하는 자들', 둘째, 알렉산더 대왕을 통한 언어의 통일, 셋째, 애굽(이집트) 톨레미 왕조를 통한 구약성경의 헬라어 번역, 넷째, 로마 제국을 통한 정치적 안정과 도로망 구축입니다.

하나님을 경외하는 자들

다른 세 가지는 대충 제목만 들으셔도 그 내용을 추측하실 수 있을 것 같은데 첫 번째 것, 즉 '하나님을 경외하는 자들' 부분은 조금 설명이 필요할 것 같습니다. 구약 성경에 등장하는 북이스라엘은 주전 722년에 앗수르(앗시리아)에게 망합니다. 그리고 남유다는 주전 586년(혹은 587년)에 바벨론(신바빌로니아 제국)에게 망합니다. 앗수르와 바벨론 사람들은 유대인들을 포로로 끌고 가서 강제노역을 시켰습니다. 그래서 자연스럽게 유대인들의 공동체가 곳곳에 형성되었는데 이것을 '디아스포라'라고 부릅니다. '흩어진 자들'이라는 뜻입니다. 디아스포라 유대인들은 예배를 드리기 위해 회당을 만들었습니다. 새로운 회당을 만들 수 있는 최소 정족수는 유대인 성인 남자 10명이었습니다.

그런데 처음에는 유대인들만 모여서 예배를 드렸지만 차츰 그들의 예배에 호기심을 가진 이방인들이 회당 예배에 참석하게 되었습니다. 유대인들은 높은 도덕적 수준을 가지고 있었기 때문에 그들에게 관심을 가진 이방인들이 많았습니다. 회당 예배에 참석하게 된 이방인들은 다시 두 종류로 나뉘었습니다. 그것은 개종자와 하나님을 경외하는 자입니다. 둘을 나누는 기준은 매우 단순합니다. 할례를 받으면 개종자가 되었고, 아무리 회당에 오래 다녔어도 아직 할례를 받지 못했다면 하나님을 경외하는 자라고 불렸습니다.

회당의 구성원
- 유대인
- 이방인
  - 개종자: 할례를 받은 자들
  - 하나님을 경외하는 자: 할례를 받지 않은 자들

그런데 하나님을 경외하는 자들은 참 애로사항이 많았습니다. 구약성경을 보면 할례를 받지 않으면 하나님의 백성 중에서 끊어질 것이라고 말씀하고 있습니다. "할례를 받지 아니한 남자 곧 그 포피를 베지 아니한 자는 백성 중에서 끊어지리니 그가 내 언약을 배반하였음이니라"(창 17:14). 할례를 받지 않으면 하나님의 백성이 될 수 없고, 그러면 아무리 회당에 오래 다녀 봤자 천국에 가지 못한다는 말입니다. 랍비들은 이런 구절들을 근거로 하여 수시로 그들에게 부담감을 주었습니다.

〈할례의 어려움〉 그러면 빨리 할례를 받으면 되지 않겠느냐고 생각할 수 있지만, 그 당시 이방인의 입장에서 할례를 받는다는 것은 쉬운 일이 아니었습니다. 첫째, 어른이 되어 할례를 받는 일은 엄청난 고통을 수반하는 일이었습니다. 유대인들이야 태어난 지 8일 만에 할례를 받으니까 아무 고통도 기억하지 못하겠지만, 다 큰 어른이 할례를 받는다는 것은 여간 고통스러운 일이 아닙니다. 마취제가 없던 시절에 그것은 정말로 두려운 일이었을 것입니다.

둘째, 할례를 받는 것은 상당히 위험한 일이었습니다. 의학이 발달되지 못한 고대 사회에서 할례를 받는다는 것은 수술 자체나 그 이후의 후유증 때문에 매우 위험한 일이었습니다. 셋째, 할례는 동족들과의 관계를 희생시킬 수도 있는 일이었습니다. 당시 그리스, 로마인들은 할례 풍속을 매우 야만적인 것으로 간주했습니다. 할례를 받는다면 유대인들과는 사이가 좋아지겠지만 동족들에게는 이상한 사람으로 간주되어 모든 거래와 왕래가 끊길 위험이 있었습니다.

그런데 그들에게 복음 전도자들은 '이제 할례를 받지 않아도 예수님을 믿으면 누구나 하나님의 백성이 될 수 있다'는 메시지를 전한 것입니다. 이런 메시지에 대해 하나님을 경외하는 자들은 폭발적인 반응을 보였습니다. 그래서 그들이 초대교회의 발전에 큰 공헌을 했습니다.

사도 바울은 이방인을 위한 사도였습니다(갈 2:7). 하지만 그는 어느 곳에 가든지 먼저 회당에 찾아가서 복음을 전했습니다. 사랑하는 유대인 동족들에게 복음을 전하겠다는 열정도 그 이유들 중 하나였습니다. 그런데 사실은 유대인들의 회당이야말로 복음 전파의 황금어장이었습니다. 회당에는 하나님을 경외하는 자들이 있었기 때문입니다. 그들은 쉽게 복음을 받아들였습니다.

그래서 사도 바울이 지나간 곳에서는 하나님을 경외하는 자들, 즉 아직 할례를 받지 못했던 이방인들이 거의 모두 회당에서 나가서 교회로 이동하는 현상이 발생했습니다. 그렇기 때문에 유대인들의 지도자들이 그토록 바울을 미워하며 핍박했던 것입니다. 시장 거리에서 일반인들에게만 전도를 했다면 유대인들이 사도 바울을 그토록 위협적인 존재로 느끼지는 않았을 것입니다.

언어의 통일, 구약성경의 번역, 로마 제국의 안정

하나님께서 신속한 복음 전파를 위해 신구약중간기에 예비해 놓으신 것이 네 가지 있다고 했습니다. 그 중 첫 번째 것을 위에서 설명했습니다. 유대인들의 회당에 존재하던 하나님을 경외하는 사람들입니다. 나머지 세 가지는 이해하기가 쉽습니다.

두 번째는 언어의 통일입니다. 주전 323년에 죽은 알렉산더 대왕은 그 유명한 그리스 철학자인 아리스토텔레스에게서 헬라 문화에 대해 배웠습니다. 그래서 알렉산더 대왕은 자신이 정복하는 모든 곳에 헬라어를 퍼뜨렸습니다. 언어의 통일이 복음 전파에 큰 도움이 되었다는 것은 당연한 일입니다.

세 번째는 구약성경의 헬라어 번역입니다. 주전 250년경에 이집트 알렉산드리아에서 모세오경이 헬라어로 번역되었습니다. 그리고 100년 정도에 걸쳐서 구약의 나머지 부분들도 모두 헬라어로 번역이 되었습니다. 그래서 예수님이 세상에 오시기 150년 전에는 구약성경 전체가 이미 헬라어로 번역되어 있었습니다. 이것을 우리는 칠십인경이라고 부릅니다. 라틴어로는 셉투아진트(*Septuagint*)라고 부르는데 '칠십'이라는 뜻입니다. 약자로는 LXX(50+10+10)라고 씁니다. 만약 이런 과정이 없이 말라기 선지자 이후에 곧장 예수님이 세상에 오셨더라면 복음 전파는 무척 더디게 진행되었을 것입니다.

네 번째는 로마를 통한 정치적 통일입니다. 하나님께서는 로마제국으로 하여금 지중해 유역을 모두 통일하고 구석구석 도로망을 정비하도록 하셨습니다. 그 덕분에 복음 전도자들은 안전하고 신속하게 여행을 할 수 있었습니다. 복음 전파에 유리한 환경이 조성된 것입니다.

주전 44년에 죽은 율리우스 카이사르는 라인 강 서쪽의 유럽 전체와 브리타니아(영국 남부)를 정복하고 오늘날의 유럽을 하나의 영토 속에 편입시켰습니다. 복음은 그 속에서 빠르게 전파되었습니다. 흔히 주후 2세기를 오현제시대 혹은 '로마의 평화'(*Pax Romana*) 시대라고 하는데 이 시기는 기독교가 로마 제국 내에서 급속도로 전파된 시기와 일치합니다. 하나님께서 복음이 속히 전파될 수 있도록 모든 조건을 갖추어 주신 것입니다. 하나님께서는 아무 때나 예수님을 세상에 보내셨던 것이 아니라 "때가 차매"(갈 4:4) 예수님을 세상에 보내신 것입니다.

예수님께서 세상에 오시기 전에 신속한 복음 전파를 위해 하나님께서 예비해 놓으셨던 것들 네 가지를 살펴보았습니다. 이제 시간 순서대로 신구약중간기 시대의 역사를 정리해 보도록 하겠습니다.

통일왕조시대와 이스라엘의 분열

사울과 다윗, 솔로몬 시대까지는 이스라엘이 하나의 통일 왕조를 이루었습니다. 그러나 솔로몬의 아들인 르호보암 시대에 와서 이스라엘은 북이스라엘(초대왕 여로보암)과 남유다(르호보암)로 나뉘었습니다. 남유다는 열두 개 지파들 중 유다 지파와 베냐민 지파로 이루어져 있었고 북이스라엘은 나머지 열 개 지파로 이루어졌습니다.

주전 722년: 앗수르에 의한 북이스라엘의 멸망

북이스라엘은 주전 722년에 앗수르에 의해 멸망합니다. 앗수르는 고대 제국들 중에서도 그 잔인성으로 악명이 높았습니다. 피정복민들을 너무 심하게 탄압했기 때문에 앗수르는 그들의 반란을 두려워했습니다. 그래서 그들이 취한 정책은 이주정책과 혼합정책입니다. 이주정책은 피정복민들이 원래 살았던 곳에서 다른 낯선 곳으로 뿔뿔이 흩어져 살도록 만든 정책이었고, 혼합정책은 서로 다른 민족들끼리 함께 모여서 살도록 만든 정책입니다. 한 마디로 피정복민들의 정체성을 없애버림으로써 그들이 단결하여 앗수르에 대항할 수 없도록 한 것입니다.

이 정책 때문에 북이스라엘 백성들은 사방으로 흩어졌고 그들이 떠나간 자리는 여러 곳에서 온 다양한 사람들로 채워졌습니다. 그런데 그들은 각기 자신들이 섬기던 우상들을 가지고 북이스라엘 땅으로 왔습니다. 그 결과 북이스라엘 지역은 종교와 인종이 크게 혼합된 모습을 보이게 되었습니다. 남유다의 사람들은 북이스라엘 지역이 부정해졌다고 생각했습니다. 이것이 예수님 당시에 유대인들이 사마리아 사람들을 업신여겼던 이유입니다.

주전 586년: 바벨론에 의한 남유다의 멸망

북이스라엘이 망하고 약 136년이 흐른 후 남유다는 바벨론에 의해 망했습니다. 역사를 보면 구바벨로니아 제국과 신바빌로니아 제국이 있는데 남유다를 멸망시킨 것은 신바빌로니아 제국입니다. 바벨론 사람들은 유대인들을 바벨론으로 끌고 갔습니다. 이들이 '디아스포라'를 형성했고 예배를 위해 회당을 세웠다는 것은 앞에서 설명했습니다. 회당의 구성원을 다시 정리하면 아래와 같습니다.

① 유대인: 태어난 지 8일 만에 할례를 받은 태생적 유대인입니다.

② 개종자: 이방인 신자들 중에서 할례를 받은 사람들입니다. 이들에게는 할례 증서가 발급되었습니다. 원래 유대인들은 이방인들과 함께 식사를 할 수 없었지만 개종자들과는 자유롭게 식사를 할 수 있었습니다. 또 이들은 할례 증서를 보여주면 예루살렘 성전의 중심부인 유대인 남자들의 뜰까지 들어가서 예배를 드릴 수 있었습니다.

③ 하나님을 경외하는 자: 이방인 신자들 중에서 할례를 받지 않은 사람들입니다. 이들이 초대교회의 성장에 큰 역할을 했습니다.

탈굼(Targum)의 번역

구약성경은 원래 히브리어로 쓰였습니다. 그런데 바벨론에서는 바벨론 아람어라는 언어가 사용되었습니다. 바벨론으로 끌려간 유대인들과 그들의 자녀들은 차츰 히브리어를 잊고 바벨론 아람어를 주로 사용하게 되었습니다. 자신의 자녀들이 히브리어 성경을 읽을 수 없게 된 것을 안타깝게 생각한 경건한 유대인들은 구약성경의 일부를 바벨론 아람어로 번역하기 시작했습니다.

그런데 초기에는 바벨론에서 사는 유대인들의 사회적, 경제적 형편이 무척 안 좋았습니다. 그래서 그들은 성경을 직역할 수가 없었습니다. 성경은 어렵습니다. 어려운 성경을 그대로 직역을 해 놓으면 성경을 읽다가 모르는 것이 있을 경우 물어볼 사람이 있어야 합니다. 그런데 포로로 끌려온 유대인들은 학교를 세우고, 아이들을 가르칠 랍비를 모시고, 정기적으로 아이들을 학교에 보내 교육을 실시할 형편이 되지 못했습니다.

그래서 경건한 유대인들은 히브리어 성경을 바벨론 아람어로 번역하면서 본문에 간단한 설명을 함께 포함시켰습니다. 그래서 자녀들이 그것을 읽기만 해도 내용을 이해할 수 있도록 했습니다. 나중에 바벨론 유대인들의 형편이 나아진 다음에는 학교가 세워질 수 있었습니다. 그 때는 모르는 것이 있으면 학교에 가서 랍비에게 물어볼 수가 있었습니다. 그렇기 때문에 후대에는 번역을 할 때 직역을 했지만 초기에는 그렇게 할 수가 없었습니다.

훗날 형편이 좋아졌을 때 그 번역본들을 수집하여 정리하고자 하는 랍비들이 있었습니다. 그들은 곳곳을 돌아다니며 번역본들을 수집했습니다. 경건한 유대인들이 각기 자기가 중요하다고 생각하는 책들을 번역했기 때문에 한 곳에 모든 책들이 있는 경우는 거의 없었습니다. 이 마을에서는 창세기, 저 마을에서는 출애굽기 등을 수집했습니다. 그리고 그들은 이렇게 수집한 번역본들을 잘 편집하여 아람어로 된 번역성경을 세상에 내놓았습니다. 탈굼 옹켈로스, 탈굼 요나단 등이 그런 것입니다. 여기서 옹켈로스, 요나단은 일차적인 번역자의 이름이 아니라 편집자의 이름입니다. 즉 옹켈로스라는 랍비가 수집하여 편집한 아람어 번역본 성경이 탈굼 옹켈로스입니다. 탈굼 옹켈로스는 탈굼 요나단에 비해 직역에 가깝다고 평가되고 있습니다.

주전 539년: 메대, 바사에 의한 바벨론의 멸망

바벨론은 주전 539년에 메대(메디아)와 바사(페르시아)의 연합군에 의해 멸망했습니다. 성경에는 메대라는 이름이 잠깐 나오다가 사라집니다. 메대가 바사에 복속되었기 때문입니다. 메대는 바사보다 영토의 크기는 컸지만 바사의 고레스가 워낙 유능한 왕이었기 때문에 그에게 복속되었습니다. 그리고 고레스는 메대의 공주의 아들이었습니다. 그렇기 때문에 메대 사람들은 고레스가 통일왕국의 왕이 되는 것에 대해 큰 저항감이 없었습니다. 성경에는 바사 세국의 왕들이 네 명 등장합니다.

고레스(Cyrus, Kores, 주전 539-529년)

고레스는 유대인들에게 귀환을 허락해 줍니다. 그래서 유대인들은 스룹바벨을 중심으로 하여 이스라엘 땅으로 돌아옵니다. 이것을 1차 귀환(주전 538년)이라고 합니다. 스룹바벨은 다윗의 핏줄을 이어받은 왕손입니다. 에스라 1–3장에 이때의 이야기가 실려 있습니다. 그들은 이스라엘 땅에 돌아와서 성전 건축을 시작했지만 주변 사람들의 방해 때문에 공사가 중단되고 말았습니다.

역사책에는 고레스 다음에 캄비세스(Cambyses, 주전 529–522년)라는 왕이 있었던 것으로 나오는데 그는 성경에는 등장하지 않습니다.

다리오(Darius I, 주전 522-486년)

다리오는 학개, 스가랴 시대의 왕입니다. 학개, 스가랴는 성전 건축이 중단된 것을 안타까워하며 백성들을 독려하여 성전 건축을 완성시킵니다(주전 515년 무렵). 하나님께서는 예레미야에게 바벨론 포로기가 70년이 될 것이라고 하셨었습니다. "이 모든 땅이 폐허가 되어 놀랄 일이 될 것이며 이 민족들은 칠십 년 동안 바벨론의 왕을 섬기리라"(렘 25:11; 참조, 렘 29:10). 바벨론의 느부갓네살에 의해 성전이 무너진 것이 주전 586년이니까 거의 정확히 70년 후에 새로운 성전이 지어진 것입니다.

아하수에로(Xerxes 혹은 Ahasuerus, 주전 486-465년)

아하수에로는 에스더서에 나오는 왕입니다. 그는 그리스와의 페르시아 전쟁(주전 546년-448년)에서 중요한 역할을 했던 왕으로 알려져 있습니다. 어떤 역사가들은 그가 페르시아 전쟁에서 원했던 결과를 얻지 못했기 때문에 에스더서에 나오는 것처럼 방탕한 생활을 했던 것이라고 말하기도 합니다.

아닥사스다(Artaxerxes I 혹은 Artasasta, 주전 465-425년)

아닥사스다 왕은 에스라와 느헤미야 시대의 왕입니다. 에스라는 학사 겸 제사장이라는 별명을 가졌던 인물입니다. 그는 많은 유대인들과 함께 귀환을 했습니다. 이것을 2차 귀환이라고 합니다. 그리고 느헤미야는 원래 아닥사스다의 술 맡은 관원장이었는데 그도 유대인들을 데리고 유대 땅으로 돌아옵니다. 이것을 3차 귀환이라고 합니다. 그는 총독으로 일을 했습니다. 에스라와 느헤미야는 예루살렘 성벽을 완성시키는 일을 했습니다.

술 맡은 관원장

느헤미야가 바사 궁전에서 맡고 있었던 '술 맡은 관원장'이라는 직분에 대해 간단히 설명을 해 드리고 싶습니다. 이 직분은 창세기의 요셉 이야기에도 나오고 성경에 가끔씩 등장합니다. 글자 그대로 보면 술 창고를 맡아 관리했던 사람처럼 보이는데 그렇게 간단한 일을 했던 사람은 아닙니다.

고대 왕궁에서는 왕과 왕후, 비빈들 그리고 그들의 자녀들이 왕궁과 그 근처에서 생활했습니다. 그들은 매일 식사를 해야 했고 생일에는 그들의 서열에 따라 차등적인 잔치가 열렸습니다. 왕비 아들의 생일에는 소를 몇 마리 잡고 술을 몇 통 사용하며, 비빈의 아들의 생일에는 닭을 몇 마리 잡고 술을 몇 병 사용한다는 식으로 말입니다. 그리고 외국의 사신이 오거나 개선장군이 돌아왔을 때도 왕궁에서 연회가 열렸습니다. 왕의 일상적인 식사와 그 모든 잔치들을 총괄해서 관리했던 사람이 술 맡은 관원장입니다. 그가 음식에 독을 풀면 왕족들이 몰사할 수도 있었습니다. 그렇기 때문에 술 맡은 관원장은 왕의 측근 중에서도 최측근이 맡는 것이 관례였습니다.

유대인들의 실망과 하나님의 뜻

말라기를 보면 사람들이 하나님께 실망한 것으로 나타납니다. 그들은 하나님을 섬기는 일에 열심을 내지 않습니다. 그래서 말라기에는 헌물은 흠없는 것으로 드려야 한다거나(말 1:8) 십일조를 정확히 드려야 한다는 내용이 등장합니다(말

3:10). 그들의 신앙자세는 분명히 잘못된 것이지만 한편으로는 이해가 되기도 합니다. 왜냐하면 그들로서는 최선을 다했지만 변한 것은 아무 것도 없어 보였으니 말입니다.

고레스라는 좋은 왕이 나타났습니다. 그래서 자신들이 살고 있던 땅에서 그대로 살아도 되는 상황이었습니다. 하지만 그들은 하나님을 섬기기 위해 그 먼 거리를 여행하여 예루살렘까지 왔습니다. 성전을 건축하기 위해 모든 난관을 극복하고 노력하여 드디어 초라하나마 성전을 완성시켰습니다.

그들은 성전이 완성되면 하나님께서 무슨 특별한 역사를 이루어 주실 줄 알았을 것입니다. 그런데 아무 일도 일어나지 않았습니다. 그래서 그들은 성벽까지 완성시키는 것이 자신들의 사명인 줄 알고 느헤미야서에서 보는 것처럼 갖은 난관을 다 헤쳐 가며 성벽을 완성시켰습니다.

이 모든 것들은 그들의 커다란 헌신을 바탕으로 이루어졌습니다. 하지만 성전과 성벽을 완성했는데도 아무런 변화가 나타나지 않았습니다. 그들은 여전히 초라한 식민지 백성입니다. 그러니 실망한 것입니다. 하나님이 없다고 하고 뛰쳐나갈 용기는 없지만 그렇다고 해서 뭔가를 또 열심히 해볼 마음도 나지 않습니다. 그들 나름대로는 정말 모든 것을 다해서 헌신을 했는데 하나님께서는 아무런 변화도 보여주시지 않았으니 말입니다.

하지만 하나님께서 그들에게 아무런 변화도 보여주시지 않은 것이 축복이었습니다. 만약 그들이 지은 성전을 봉헌할 때 솔로몬 성전이 완성될 때처럼 하늘에서 불이 내려오고 하나님의 영광의 구름이 그들을 덮고 했다면 당장은 기분이 좋았을 것입니다. 그러나 그것은 그들이 다시 율법 시대 초기로 돌아가야 한다는 것을 뜻합니다. 하지만 지금은 어떤 때입니까? 율법으로는 구원의 희망이 없다는 것을 알았고, 이제 조금 기다리다가 예수님을 맞아야 하는 때입니다. 그들에게 아무런 기적도 보여주시지 않은 것이 축복입니다. 지금 솔로몬 성전 때처럼 하나님께서 그 성전을 축복해 주시면 그것은 역사적인 퇴보입니다.

하지만 그들은 그것을 모릅니다. 그래서 실망합니다. 헌물도 대충 드리고 십일조도 정확하게 드리지 않습니다. 하지만 하나님께서 그들을 미워하시는 것은 아닙니다. 하나님께서는 그들의 헌신을 충분히 기쁘게 받으셨습니다. 그것을 어떻게 알 수 있습니까? 느헤미야 3장에 보면 헌신한 사람들의 이름이 일일이 실명으로 거론됩니다. 하나님께서 그들의 헌신과 수고와 땀과 눈물을 기억하신다는 뜻입니다. 헌물 자체를 놓고 본다면 솔로몬 왕 때의 백성들이 더 큰 재물을 바쳤습니다. 하지만 그 시대에는 그냥 방백들이 얼마를 드렸다고만 나옵니다. 실명이 거론되지 않습니다. "6 이에 모든 가문의 지도자들과 이스라엘 모든 지파의 지도자들과 천부장과 백부장과 왕의 사무관이 다 즐거이 드리되 7 하나님의 성전 공사를 위하여 금 오천 달란트와 금 만 다릭 은 만 달란트와 놋 만 팔천 달란트와 철 십만 달란트를 드리고"(대상 29:6-7). 하지만 느헤미야 3장에는 한 장 전체에 걸쳐서 헌신한 자들의 이름이 정성스럽게 거론됩니다. 하나님께서 기억하신다는 뜻입니다. 하나님께서 그들을 사랑하신다는 뜻입니다. 그러나 성전에 불을 내리시지는 않습니다. 이제는 조금 있다가 예수님이 오셔야 하기 때문입니다.

하시딤(hasidim)의 등장

이렇게 사람들이 실망하여 축 늘어져 있을 때 그래도 우리는 하나님의 율법을 연구하고 그 말씀에 순종해야 한다고 하면서 신앙생활에 열심을 내는 자들이 나타났습니다. 성경에는 안 나타나는데 유대 역사에서는 그들을 하시딤이라고 부릅니다. 그들은 신구약중간기 시대 내내 중요한 역할을 합니다. 하시딤에 대해서는 앞으로 몇 번 더 설명할 기회가 있을 것입니다.

주전 356(태어남)-323년(죽음): 알렉산더 대왕

바사를 무너뜨린 사람은 그 유명한 알렉산더 대왕입니다.

그는 마게도냐(마케도니아) 사람입니다. 그의 아버지는 필립포스 2세인데 마게도냐와 그리스를 모두 정복했습니다. 그는 아들의 가정교사로 그리스 철학자 아리스토텔레스를 초빙했습니다. 아리스토텔레스는 활동은 남쪽 그리스에서 했지만 그의 원래 고향은 마게도냐입니다. 그러므로 그가 마게도냐 왕자의 교육을 맡은 것은 어떻게 보면 자연스러운 일이었습니다.

〈헬레니즘 문화〉 알렉산더 대왕은 아리스토텔레스로부터 최고의 헬라 문화를 교육받았습니다. 그리고 그가 죽을 때까지 정복한 모든 곳에 헬라문화를 퍼뜨렸습니다. 그래서 그의 영토에서는 일종의 혼합문화가 형성됩니다. 합리적이고 분석적인 그리스 문화와 직관적이고 신비적인 소아시아 문화가 만나 독특한 문화가 형성된 것입니다. 이것이 헬레니즘입니다. 알렉산더 대왕 때부터 약 300년 동안을 헬레니즘 시대라고 부릅니다.

〈헬라어로 언어통일〉 알렉산더 대왕의 업적들 중 우리에게 가장 중요한 것은 그가 헬라어를 자신의 제국 전체의 공용어로 만들었다는 것입니다. 만약 그가 없었다면 초대교회 선교사들은 높은 산을 하나 넘을 때마다 새로운 언어 혹은 사투리를 배웠어야 할 것입니다. 그리고 문자가 없는 사람들을 만나면 그들의 언어에 필요한 문자를 만들어주고 그 문자와 언어를 사용하여 성경을 번역해 주었어야 할 것입니다. 선교가 얼마나 더디게 이루어졌겠습니까?

하지만 하나님께서는 알렉산더 대왕을 통해 언어를 통일시키셨습니다. 훗날 초대교회 선교사들은 헬라어만 할 줄 알면 로마 제국 어느 곳에 가서든 복음을 전할 수 있었습니다. 알렉산더는 왜 자신이 가는 곳마다 늘 승리를 하는지 신기했을 것입니다. 사실은 하나님의 도구로 사용되었던 것입니다.

알렉산더는 주전 330년에 예루살렘을 점령합니다. 그리고 주전 323년에 33세의 나이에 열병에 걸려서 죽습니다. 그가 죽었을 때 후계자가 될 아들이 없었습니다. 그래서 그의 왕국은 함께 싸웠던 장군들에 의해 분할되고 맙니다. 안티고노스(Antigonus) 왕조, 셀류키드(Seleucid) 왕조, 톨레미(Ptolemy) 왕조가 그것입니다. 안티고노스 왕조는 지금의 터키와 그리스 그리고 마게도냐를 지배했고, 셀류키드 왕조는 지금의 이란, 이라크 지역 등을 다스렸고, 톨레미 왕조는 이집트와 팔레스타인을 통치했습니다.

주전 323-주전 198년: 이스라엘이 톨레미 왕조의 지배를 받음

유대인들은 처음에는 이들 중 이집트를 주요 영토로 했던 톨레미 왕조의 지배를 받았습니다. 톨레미 왕조는 경제적으로는 유대인들에게 압력을 가했지만 종교적으로는 자유를 주었습니다. 이집트 사람들은 유대인들과 옛날부터 교류가 있었기 때문에 유대인들의 종교가 톨레미 왕조에게 해가 없다는 것을 알고 있었습니다.

이집트 북부의 나일 삼각주 서쪽에는 알렉산드리아가 있었습니다. 그것은 이집트 전역에서 생산된 농산물들을 지중해 각지로 수출하는 수출항이었습니다. 알렉산드리아는 5개의 구로 이루어져 있었는데 그 중의 2개 구가 유대인들의 구였습니다. 경제적인 부가 있는 곳이었기 때문에 유대인들이 많이 진출해 있었습니다.

주전 250년을 전후한 시기: 알렉산드리아에서 70인경이 번역되기 시작함

알렉산드리아는 국제도시였기 때문에 헬라어가 공용어로 사용되었습니다. 알렉산드리아의 자랑들 중 하나는 거대한 규모의 도서관이었습니다. 그들은 이 도서관에 유대인들의 경전을 비치하려고 했습니다. 그런데 유대인들의 경전은 히브리어로 쓰여 있었기 때문에 도서관에 비치한다고 해도 사람들이 읽을 수가 없었습니다. 그래서 알렉산드리아 도서관을 책임지고 있던 데메트리우스는 그것을 헬라어로 번역하기로 결정했습니다.

그는 왕에게 사정을 말하고 도움을 청했습니다. 왕은 유대인들을 실질적으로 다스리고 있던 대제사장에게 편지를 보내서 번역자들을 알렉산드리아로 보내줄 것을 요청했습니다. 그래서 각 지파에서 6명씩 12지파의 대표자들 72명이 소집되어 알렉산드리아로 보내졌습니다. 그들은 알렉산드리아에서 왕의 융숭한 대접을 받으며 히브리어로 된 모세오경을 헬라어로 번역하는 일에 착수했습니다. 2명이 한 조가 되어 72일 동안 번역이 진행되었다고 합니다. 그렇게 해서 우선 처음에 모세오경의 번역이 이루어졌습니다. 그리고 그 후 100여 년에 걸쳐서 구약성경의 나머지 부분도 헬라어로 번역이 되었습니다.

〈70인경의 통일성〉 이 번역을 둘러싼 이야기에는 약간 과장이 포함되어 있는 것 같기도 하지만 왕의 주도하에 알렉산드리아에서 번역작업이 이루어졌다는 사실은 역사적 사실로 받아들여져야 할 것 같습니다. 왜냐하면 중앙집권적인 통제와 계획이 없이 일반인들에 의해 산발적으로 번역작업이 이루어졌다면 지금 남아 있는 번역본이 꽤 여러 종류가 있어야 할 것이기 때문입니다. 하지만 칠십인경, 특히 모세오경의 번역본은 상당한 통일성을 보여주고 있습니다. 그것은 강력한 권위에 의해 통일적으로 번역작업이 이루어졌음을 반증해 줍니다.

이 헬라어 번역본을 칠십인경이라고 부릅니다. 처음에 모세오경을 번역한 번역자들의 수에서 온 이름입니다. 정확하게는 72명이었지만 그냥 간략하게 줄여서 70명으로 잡은 것입니다. 라틴어로 70이 '셉투아진트'(*Septuagint*)이기 때문에 이 번역 성경을 흔히 셉투아진트라고도 합니다. 라틴어 숫자로 70이 LXX(L=50, XX=20)이기 때문에 칠십인경의 약자는 LXX입니다.

구약성경 전체가 주전 150년경에는 헬라어로 번역되었기 때문에 그 때부터는 누구나 구약성경을 읽을 수 있었습니다. 만약 헬라어로 번역된 구약성경이 준비되지 않았었다면 초대교회의 부흥은 일어나기 힘들었을 것입니다.

주전 198년: 셀류키드 왕조의 톨레미 왕조 침공

셀류키드 왕조는 톨레미 왕조의 동쪽을 다스리고 있던 왕조입니다. 안티오쿠스 3세(Antiocus III)라는 왕이 셀류키드 왕조를 강력하게 만든 후, 주전 198년에 톨레미 왕조의 땅으로 공격해 들어왔습니다. 톨레미 왕조는 이집트 본토를 사수하는 데는 성공했지만 유대인들이 살고 있던 팔레스타인 지역까지 영토를 회복하는 데는 실패하고 말았습니다. 그래서 유대인들은 셀류키드 왕조의 지배를 받게 되었습니다.

안티오쿠스 3세의 뒤를 이은 안티오쿠스 4세(주전 175–164)

는 유대인들을 몹시 핍박했습니다. 그는 유대인들에게 돼지고기를 강제로 먹게 하고 이를 거부하는 자들은 가차 없이 죽였습니다. 성전에서도 돼지로 제사를 드리게 했습니다. 그리고 예루살렘에 헬라식 운동시설인 짐나지움을 건설했는데 그곳에서는 그리스의 온갖 잡신들의 동상이 세워졌습니다. 짐나지움은 운동시설이긴 했지만 실제로는 셀류키드 왕조의 고위급 인사들과 유대인들 사이의 사교의 장으로 활용되었습니다. 오늘날의 골프장과 비슷한 역할을 한 것입니다.

〈제사장들의 타락〉 그런데 셀류키드 왕조 사람들과 교제를 하여 관직을 얻기를 원했던 유대인 제사장들이 그곳에서 운동을 즐겼습니다. 그곳에서 운동을 한다는 것은 대낮에 나체로 운동을 한다는 것을 뜻했습니다. 하나님께서는 제사장들에게 속옷을 꼭 갖추어 입을 것을 명령하셨습니다. "또 그들을 위하여 베로 속바지를 만들어 허리에서부터 두 넓적다리까지 이르게 하여 하체를 가리게 하라"(출 28:42). 그런데 제사장들이 출세를 위해 하나님의 율법을 어기고 망측한 행동을 한 것입니다. 이것은 경건한 유대인들의 분노를 일으켰습니다.

주전 167년: 막카비 전쟁의 발발

예루살렘 북서쪽에 모데인이라고 하는 작은 산골마을이 있었습니다. 어느 날 돼지고기 접시를 든 몇몇 사람들이 주민들에게 억지로 돼지고기를 먹이려고 그곳을 찾아왔습니다. 그런데 그곳에는 맛다디아라고 하는 경건한 제사장이 있었습니다. 셀류키드 왕조의 사람들이 자신의 마을 사람들에게 돼지고기를 먹이려 하자 그는 다섯 명의 아들들과 칼을 들고 가서 그들을 모두 죽여 버리고 말았습니다.

그런데 이제 그 소식이 산 아래에 있는 셀류키드 왕조의 군대에게 전해지면 모데인은 쑥밭이 되고 말 것입니다. 그래서 그는 마을 사람들과 짐을 싸서 더 깊은 산으로 들어갔습니다. 그리고 유대 지역 곳곳에 사람들을 보내어 "누구든지 하나님과 율법에 대해 열심이 있는 자들은 나를 따르라"라는 말을 전하게 했습니다. 누군가 거룩한 싸움을 시작해 주기를 기다리고 있던 유대인들은 이 말을 듣고 곧 맛다디아에게 몰려들었습니다. 그렇게 해서 막카비 전쟁이 시작되었습니다.

〈유다 막카비(Judas Maccabeus)〉 이 전쟁에서는 맛다디아 제사장의 다섯 아들인 요하난, 시몬, 유다, 엘아자르, 요나단이 중심적인 역할을 했습니다. 그들 중에서도 유다의 활약이 컸습니다. 그는 평야에서 싸우는 것보다 산지에 매복해 있다가 적을 공격하는 게릴라 전술을 주로 사용했습니다. 적의 입장에서는 매복군이 자신들이 공격하는 모습이 해머(hammer)로 자신들을 내리치는 것과 같다고 하여 유다의 별명을 '해머'라고 불렀습니다. 해머에 해당하는 아람어가 '막카비'였기 때문에 그 전쟁의 이름이 막카비 전쟁이 되었습니다.

주전 164년: 성전을 회복하고 수전절(하누카) 절기를 만듦

막카비 전쟁은 하나님의 도우심으로 순조롭게 진행되었습니다. 유대인들은 주전 164년에 예루살렘을 회복했습니다. 전쟁을 일으킨 지 3년 만에 수도를 탈환한 것입니다. 그들은 성전을 정화하기로 했습니다. 30여 년의 세월 동안 성전 제단에서는 돼지가 제물로 바쳐지고 있었습니다. 성전에 묻어 있던 부정한 그을음들은 깨끗하게 청소를 했습니다. 그런데 문제는 제물을 바치던 제단이었습니다. 그것은 도저히 물로 씻는 것으로 해결될 수가 없었습니다. 그래서 유대인들은 제단을 뽑아서 힌놈의 골짜기에 내다버리고 새로운 돌로 제단을 만들었습니다.

그들은 성전을 다시 회복한 이 사건을 기리기 위해 절기를 만들었습니다. 그것이 요한복음 10장 22절에 등장하는 수전절입니다. "예루살렘에 수전절이 이르니 때는 겨울이라" 수전절의 히브리어 이름은 하누카(Hanukkah)입니다. 하누카는 기슬래(키슬레브)월 25일부터 8일 동안 계속되는 절기입니다. 양력으로 12월에 해당합니다.

〈전설〉 유대인들이 승리하고 성전을 점령했을 때 성전을 밝히는 등불에 사용될 거룩한 기름이 하루치밖에 남아 있지 않았다고 합니다. 거룩한 기름은 제조 과정이 복잡해서 만드는 데 여러 날이 걸립니다. 유대인들은 걱정을 하며 8일 만에 기름을 만들었습니다. 그런데 그것을 만드는 8일 동안 성전의 등불이 계속해서 잘 타올랐다고 합니다. 그래서 하누카 축제는 8일 동안 계속된다고 합니다.

〈하누카 램프〉 유대인들의 램프를 '메노라'라고 하는데 불을 켜는 가지가 7개입니다. 하지만 하누카 때 사용하는 램프에는 양쪽으로 가지를 하나씩 더 만들어서 가지가 9개입니다. 평소 때보다 불을 더 환하게 밝히고 즐기기 위해서입니다.

〈하누카 음식〉 하누카 축제 기간에 현대 유대인들은 도너스나 감자전을 기름에 튀겨 먹고 치즈도 즐겨 먹는다고 합니다. 기름으로 요리한 음식을 먹는 이유는 앞에서 설명한 하누카 축제의 거룩한 기름 전설 때문이라고 합니다.

하누카 축제 때 치즈를 많이 먹는 이유는 기원전 6세기경을 배경으로 하는 유딧서에서 유래했습니다. 전설에 따르자면 그 책의 여주인공인 유딧(Judith)은 느부갓네살의 군대 장관이었던 홀로페르네스(Holofernes)를 죽일 목적으로 그에게 접근했습니다. 그를 술에 취하게 하고 싶은데 직접 포도주를 권하면 의심을 할 것이기 때문에 그에게 치즈를 많이 먹였다고 합니다. 목이 마른 그는 자연스럽게 포도주를 많이 마셨고, 그가 취했을 때 유딧은 그의 목을 베었습니다. 이 사건을 기념하기 위하여 유대인들은 하누카에 치즈를 즐겨 먹는다고 합니다.

막카비 전쟁의 결과 '하스모니안(Hasmonean) 왕조'가 세워짐

막카비 전쟁의 결과 하스모니안 왕조가 세워졌습니다. 사사기를 보면 유대인들은 민족을 구한 영웅들을 자신들의 왕으로 추대하는 전통이 있습니다. 유대인들은 셀류키드 왕조의 군대를 물리친 맛다디아의 아들들을 기꺼이 왕으로 추대했습니다. 하스모니안은 전쟁을 일으켰던 맛다디아의 아버지의 이름입니다(유대전쟁사 1.1.2).

주전 150-140년대: 요나단 왕이 대제사장을 겸직함

그런데 하스모니안 왕조의 왕들 중 요나단이라는 사람이 큰 실수를 저지릅니다. 자신이 대제사장이 된 것입니다. 하나님께서는 왕이 제사장의 일을 하는 것을 금하셨습니다. 예를 들자면 사울 왕이 직접 제사를 드리자 하나님께서는 사무엘을 통해 그를 질책하셨습니다. "사무엘이 사울에게 이르되 왕이 망령되이 행하였도다"(삼상 13:13). 웃시야 왕도 사신이 제사장의 일을 하려 하다가 하나님의 벌을 받아 나병환자가 되었습니다. "웃시야가 손으로 향로를 잡고 분향하려 하다가 … 제사장들 앞에서 그의 이마에 나병이 생긴지라"(대하 26:19). 그런데 하스모니안 왕조의 요나단 왕이 대제사장을 겸하는 사건이 발생한 것입니다.

유대교의 세 분파의 탄생

요나단이 대제사장이 되는 이 사건을 계기로 유대교의 분파들 중 세 가지가 역사에 분명하게 나타나게 됩니다. 요세푸스라는 유대인 역사가가 있습니다. 주후 37년에 태어나 주후 100년경에 죽은 사람인데 그는 '유대고대사', '유대전쟁사', '자서전', '아피온 반박문'이라는 네 가지 저서를 남겼습니다. '유대고대사'에서 요세푸스는 당시의 유대교에 네 개의 분파가 있었다고 말합니다. 그것은 사두개파, 엣센파, 바리새파, 열심당입니다. 이들의 공동 조상은 앞서 설명했던 하시딤입니다. 그들은 율법 연구에 열심이었던 유대인들이었습니다.

엣센파: 쿰란 동굴에서 살았던 경건한 제사장 공동체

유대인들 중에서 요나단의 대제사장직 겸임에 목숨을 걸고 반대한 사람들이 있었습니다. 요나단이 대제사장이 되기 전에 대제사장이었던 사람과 그를 추종했는 제사장들이 그들이었습니다. 그들은 요나단 왕에게 가서 대제사장직을 내려놓을 것을 탄원했지만 목숨의 위협만 당했을 뿐입니다. 그들은 정통성이 없는 대제사장 밑에서는 제사장직을 온전히 수행할 수 없다고 판단하고 그들만의 공동체를 세우기로 결정했습니다. 그래서 사해 북서쪽의 쿰란(Qumran) 지역에 공동체를 세웠습니다. 그들이 엣센파입니다. 엣센파에게 동조하는 사람들은 전국 곳곳에 산재해 있었지만 핵심적인 구성원들은 쿰란 동굴에 모여 생활을 했습니다.

〈쿰란 문헌〉 이들은 쿰란 지역 중에서도 주로 동쪽에 있는 동굴들 속에서 생활했습니다. 그들은 기도와 성경 연구를 중시하며 금욕적인 생활을 했습니다. 결혼을 거의 하지 않았는데도 공동체가 이어질 수 있었던 것은 고아들을 양자로 들였기 때문입니다. 이들은 주후 68년에 로마군에 의해 멸망했습니다. 그들이 남긴 문서들이 주후 1947년부터 쿰란 동굴들에서 발견되었습니다. 그 문서들을 쿰란 문헌 혹은 사해 사본이라고 부릅니다. 거기서는 에스더서를 제외한 모든 구약 성경들과 다른 많은 문서들이 발견되었습니다.

쿰란에서 성경 사본들이 발견되기 전까지 인류가 간직하고 있던 가장 오래 된 전체 구약 사본은 11세기 초, 정확하게는 1,008년에 기록되었다고 알려진 레닌그라드 사본이었습니다. 그런데 그것은 워낙 후대에 기록된 것이었기 때문에 사람들은 이 사본이 원래의 구약 사본과 얼마나 일치하는 것인지 알 수가 없었습니다. 그런데 쿰란 동굴들에서 구약 성경 사본들이 쏟아져 나왔습니다. 레닌그라드 사본과 그것들을 대조해 본 결과 놀랍도록 내용이 일치한다는 것이 밝혀졌습니다.

사두개파: 성전을 중심으로 살았던 종교 귀족

엣센파와는 달리 요나단의 대제사장 겸임에 적극 협조했던 사람들도 있었습니다. 이들은 왕의 보호를 받으며 성전 제사와 관련된 업무를 전담하는 특권을 누리게 됩니다. 유대인 남자들은 유대교의 삼대 절기 때는 의무적으로 예루살렘 성전에 와서 제사를 드리게 되어 있었습니다. "네 모든 남자는 매년 세 번씩 주 여호와께 보일지니라"(출 23:17). 삼대 절기란 유월절(무교절), 오순절(칠칠절, 맥추절, [맥추의] 초실절), 초막절(장막절, 수장절)을 말합니다. 하나님께서는 그들에게 그런 절기 때는 빈손으로 하나님 앞에 나오지 말라고 하셨습니다. "빈 손으로 내 앞에 나오지 말지니라"(출 23:15). 그렇기 때문에 성전 제사를 맡고 있는 사두개인들은 큰 부자가 될 수 있었습니다.

사두개파의 신학: 모세오경만을 성경으로 인정함

사두개파의 부유한 삶은 성전 제사 때문이었습니다. 하나님을 섬기는 유대인들은 의무적으로 일 년에 수차례씩 예루살렘 성전에 와서 힘써 예물을 바치고 갔습니다. 그 예물들 때문에 그들은 부자가 될 수 있었습니다. 그러다 보니 사두개인들은 성경 중에서도 제사를 중시하는 책은 존중했지만 제사를 상대적으로 무시하는 성경은 경시했습니다.

이를테면 역사서인 사무엘상 15장 22절에는 "사무엘이 이르되 여호와께서 번제와 다른 제사를 그의 목소리를 청종하는 것을 좋아하심 같이 좋아하시겠나이까 순종이 제사보다 낫고 듣는 것이 숫양의 기름보다 나으니"라는 말씀이 있습니다. 백성들이 순종이 제사보다 낫다는 말씀을 문자적으로 이해하여 예루살렘에 와서 제사를 드리는 것을 경시하게 된다면 사두개인들에게는 치명적입니다.

시가서인 시편 51편 17절에는 "하나님께서 구하시는 제사는 상한 심령이라 하나님이여 상하고 통회하는 마음을 주께서 멸시하지 아니하시리이다"라는 말씀이 있습니다. 그리고 선지서인 이사야 1장 12, 13절에는 "너희가 내 앞에 보이러 오니 이것을 누가 너희에게 요구하였느냐 내 마당만 밟을 뿐이니라 헛된 제물을 다시 가져오지 말라 분향은 내가 가증히 여기는 바요 월삭과 안식일과 대회로 모이는 것도 그러하니 성회와 아울러 악을 행하는 것을 내가 견디지 못하겠노라"라는 말씀이 있고, 아모스 5장 21, 22절에는 "내가 너희 절기들을 미워하여 멸시하며 너희 성회들을 기뻐하지 아니하나니 너희가 내게 번제나 소제를 드릴지라도 내가 받지 아니할 것이요 너희의 살진 희생의 화목제도 내가 돌아보지 아니하리라"는 말씀이 있습니다. 그리고 말라기는 이렇게 말합니다. "만군의 여호와가 이르노라 너희가 내 제단 위에 헛되이 불사르지 못하게 하기 위하여 너희 중에 성전 문을 닫을 자가 있었으면 좋겠도다 내가 너희를 기뻐하지 아니하며 너희가 손으로 드리는 것을 받지도 아니하리라"(말 1:10).

이런 말씀들은 제사가 가장 중요한 것이라고 말하지 않습니다. 회개와 순종이 제사보다 더 중요하다고 말합니다. 그래서 사두개인들을 이 말씀들을 기뻐하지 않았습니다. 거기까지는 어느 정도 이해가 됩니다. 그런데 사두개인들은 자신들의 마음에 안 든다고 해서 역사서, 시가서, 선지서를 모두 성경에서 제외시켜 버렸습니다. 그들은 모세오경, 즉 구약의 첫 다섯 권의 책들만을 성경으로 인정했습니다. 모세오경은 제사를 강조하고 있기 때문입니다. 특히 레위기는 책 전체에서 제사와 정결의식을 강조합니다. 그들은 그런 책들만을 성경으로 인정했습니다.

사두개파의 신학: 영혼, 부활, 천국, 지옥, 천사, 마귀를 부정함

그런데 모세오경만을 성경으로 인정하다 보니 문제가 생겼습니다. 영혼, 부활, 천국, 지옥, 천사, 마귀가 없다고 부정하게 된 것입니다. 그런 것들이 있다고 믿고 모세오경을 보면 모세오경에서도 그런 것들이 보입니다. 그러나 그런 것들이 없다고 가정하고 모세오경을 보면 그런 것들이 뚜렷이 보이지는 않습니다. 천사를 예로 들어봅니다. 우리는 아브라함에게 나타났던 사자(messenger)들이 천사였다는 것을 압니다. 하지만 아브라함에게 나타났던 천사들은 인간의 모습을 하고 있었습니다. 그래서 아브라함은 그들에게 송아지를 잡아 요리를 대접합니다(창 18:7). 모세오경에는 우리가 흔히 생각하는 날개 달린 천사는 나타나지 않습니다.

사두개인들이 부활, 천사, 영혼을 부정했다는 것은 신약성경에도 등장합니다. 사도 바울이 3차 전도여행을 마치고 체포되어 심문을 받을 때의 일입니다. 그는 이렇게 말합니다. "바울이 그 중 일부는 사두개인이요 다른 일부는 바리새인인 줄 알고 공회에서 외쳐 이르되 여러분 형제들아 나는 바리새인이요 또 바리새인의 아들이라 죽은 자의 소망 곧 부활로 말미암아 내가 심문을 받노라 그 말을 한즉 바리새인과 사두개인 사이에 다툼이 생겨 무리가 나누어지니 이는 사두개인은 부활도 없고 천사도 없고 영도 없다 하고 바리새인은 다 있다 함이라"(행 23:6–8).

바울이 자신이 핍박을 당하는 이유가 부활을 전하기 때문이라고 하자 바리새인과 사두개인 사이에 다툼이 생겼습니다. 그 이유는 사두개인들은 부활, 천사, 영혼의 존재를 부정하는 반면 바리새인은 그것들을 모두 인정했기 때문입니다.

우리는 어떻게 종교인이라고 하는 자들이 영혼과 부활을 부정했을까 하고 이상하게 생각합니다. 사두개인들이 그럴 수 있었던 이유는 그들의 삶이 너무나 풍족했기 때문입니다. 그들은 정치적으로 왕의 비호를 받는 자들이었고 물질적으로도 풍족했습니다. 또 제사장으로서 백성들의 존경도 받았습니다. 아쉬운 것이 아무것도 없는 자들이었습니다. 그렇기 때문에 천국에 대한 간절함이 없었습니다. 또 만약 천국이 있다면 평생 제사를 드리는 것을 업으로 삼고 살아온 자신들은 당연히 그곳에 가게 될 것이라는 확신이 있었습니다. 그렇기 때문에 그들은 영적인 것들의 존재를 과감히 부정했습니다.

바리새파: 각자의 직업을 가진 채 성경을 연구하며 살았던 중도파

엣센파와 사두개파를 양쪽 극단이라고 한다면 바리새파는 중도파라고 할 수 있습니다. 그들은 엣센파처럼 대의명분을 위해 가족들을 버리고 동굴에 들어가서 평생을 살지는 않았습니다. 그러나 왕의 잘못된 결정을 옹호하며 이익을 누리려고도 하지 않았습니다. 그들은 낮에는 각자 자신의 직업을 가지고 열심히 일했고, 저녁이 되면 집에서 성경을 연구했습니다. 그리고 안식일이면 마을 사람들에게 성경을 가르쳤습니다다. 예수님 당시에 이스라엘에는 약 6천여 명의 바리새파가 있었던 것으로 알려져 있습니다.

바리새파의 신학: 율법에 자신들의 규정을 덧붙임

앞서 설명한 엣센파, 사두개파, 바리새파 모두의 공동 조상은 하시딤이라는 사람들입니다. 그런데 엣센파와 사두개파는 극소수의 극단주의자들이었기 때문에 중도파인 바리새파가 하시딤의 신학을 그대로 물려받았다고 말해도 무방합니다.

〈울타리를 치다〉 하시딤들은 백성들이 하나님의 율법을 잘 지킬 것을 원했습니다. 그래서 그들은 율법에 '울타리를 치는 일'을 했습니다. 율법의 범위를 정했다는 뜻이 아니라 율법을 보호하기 위한 방어벽을 만들었다는 의미입니다. 그들은 율법을 더 지키기 어렵게 만들어서 원래의 율법이 잘 지켜지도록 만들었습니다.

예를 들어 저녁에 가족들이 함께 먹을 귀중한 음식이 냉장고 안에 들어 있습니다. 그럴 때 아이들에게 냉장고 문을 열지 말라고 말하는 대신 아예 저녁때까지 부엌에 들어가지 말라고 명령하는 것입니다. 그러면 자연히 냉장고 문을 열 수 없게 됩니다. 이런 식으로 하시딤들은 기존의 율법을 더 지키기 까다롭게 만들어서 원래의 규정이 자연스럽게 지켜지도록 유도했습니다.

그들은 비슷한 규정들을 새롭게 만들어내기도 했습니다. 구약 성경에 보면 하나님께서 뭔가를 물에 씻으라고 하시는 경우가 많습니다(레 15:13). 그것을 보고는 떡 먹기 전에 손을 씻으라는 규정을 만들어냈습니다. 하시딤들은 그런 식으로 모든 율법에 '울타리'를 쳤고 바리새인들이 그들의 신학을 그대로 물려받았습니다.

바리새파의 신학: 구전율법의 탄생

이 추가된 규정들은 그들의 입장에서는 좋은 의도로 만든 것이었습니다. 그런데 평신도들이 질문을 해 왔습니다. 그 질문은 크게 두 가지였습니다. 그것은 "제가 어릴 때부터 평생토록 회당 모임에 빠진 적이 없는데 왜 그 계명을 지금 처음 듣습니까?"라는 것과, "그 계명이 도대체 어느 책에 적혀 있나요? 제가 아는 율법책에서는 본 적이 없습니다"라는 것이었습니다.

이 질문에 대해 랍비들이 솔직하게 "아, 이 계명들은 하나님이 주신 것은 아닙니다. 하나님의 율법을 좀 더 잘 지키기 위해 우리들이 요즘 만든 겁니다. 좋은 의도로 만든 것이니 여러분들도 잘 협조해 주시기 바랍니다"라고 한다면 어떻게 되겠습니까? 사람들은 랍비들 앞에서야 그러겠다고 대답을 하겠지만 실제로 그것들을 지키는 사람은 별로 없을 것입니다.

그래서 랍비들은 대충 다음과 같은 이야기를 만들어냈습니다. "여러분, 하나님께서는 시내산에서 모세에게 두 가지 율법을 주셨습니다. 그 중 하나는 책으로 만들도록 주신 것인데 그것이 성문(成文)율법(written law), 즉 모세오경입니다. 그리고 다른 하나는 책으로 기록하지 말고 모세가 시내산에서 그 율법들을 암기한 후 나중에 제사장들에게 암기를 통해서 전수해 주도록 하신 율법입니다. 그것이 구전(口傳)율법(oral law)입니다. 하나님께서는 그것을 책으로 쓰지 못하도록 하셨습니다. 그리고 그것은 일반 백성이 아니라 제사장들이나 랍비들에게만 가르치도록 하셨습니다. 그래서 우리 랍비들은 옛날부터 구전율법에 대해 알고 있었지만 여러분들은 모르고 있었던 것입니다. 하지만 지금 말세가 되어 세상이 너무 험해졌기 때문에 이제 평신도들에게도 구전율법을 가르쳐야겠다고 판단하여 얼마 전부터 여러분에게도 이 구전율법을 가르치게 된 것입니다."

이제 두 가지 문제에 대한 답이 주어졌습니다. "왜 이 율법을 처음 듣습니까?"라는 질문에 대해서는 "이 율법은 모세 시대부터 있었지만 평신도들에게는 얼마 전부터 가르치기 시작했기 때문에 여러분들은 처음 듣는 것입니다"라고 대답하면 됩니다. 그리고 "그 율법이 어느 책에 있습니까?"라는 질문에 대해서는 "하나님께서 모세에게 구전율법은 기록하지 말라고 하셨기 때문에 어떤 책에도 그 내용이 없는 것입니다"라고 대답하면 됩니다.

그래서 하시딤과 바리새인들이 만들어낸 규정들은 모세가 시내산에서 하나님께로부터 직접 받은 '구전(口傳)율법'의 지위를 얻게 되었습니다. 그들은 자신들이 만들어낸 인간적인 창작물을 하나님의 말씀의 위치로까지 격상시킨 끔찍한 죄를 저지른 것입니다.

장로들의 전통

그들이 만든 이것이 신약성경에도 등장합니다. 신약성경에서는 그것을 '장로들의 전통'이라고 부릅니다. 예수님의 제자들이 떡을 먹기 전에 손을 씻지 않자 바리새인들이 예수님께 항의를 합니다. "당신의 제자들이 어찌하여 장로들의 전통을 범하나이까 떡 먹을 때에 손을 씻지 아니하나이다"(마 15:2). 예수님께서는 그들에게 이렇게 대답하십니다. "너희는 어찌하여 너희의 전통으로 하나님의 계명을 범하느냐"(마 15:3).

예수님의 이 대답은 두 가지 점에서 바리새인들을 몹시 아프게 했습니다. 첫째, 예수님께서는 그들이 장로들의 전통이라고 부르는 것이 하나님의 율법이 아니라 단지 '너희의' 전통에 불과한 것이라고 하셨습니다. 둘째, 그 전통이라는 것이 하나님의 뜻과 잘 조화를 이루는 것이 아니라 '하나님의 계명을 범하'는 것, 즉 하나님의 뜻과 충돌하는 것이라고 하셨습니다. 바리새인들은 자신들이 성문율법뿐만 아니라 장로들의 전통까지도 지키기 때문에 자신들이 종교적으로 우월한 존재라고 생각하고 있었습니다. 그런데 예수님께서 그런 생각을 여지없이 부수신 것입니다. 그래서 그들은 예수님을 죽이려고 하게 되었습니다.

바리새파의 신학: 미쉬나(Mishnah)의 탄생

그런데 구전율법은 통일성을 유지하기가 쉽지 않았습니다. 책으로 기록된 율법은 통일성을 유지하기가 쉬웠습니다. 두 사람이 알고 있는 율법의 내용이 서로 다르면 책을 통해 누구의 지식이 올바른 것인지 쉽게 점검할 수 있었습니다. 하지만 구전율법은 그것이 적혀 있는 책이 없었기 때문에 두 사람의 주장이 다를 경우 누구의 지식이 정확한 것인지 확인하기가 어려웠습니다. 그래서 유대인들은 예루살렘에 구전율법 학교를 두고 그곳 랍비들이 암기하고 있는 내용을 표준으로 삼았습니다.

이런 방식은 주후 70년까지는 잘 유지가 되었습니다. 그런데 주후 70년에 로마의 디도(Titus) 장군에 의해 예루살렘이 무너지자 문제가 생겼습니다. 세상에 단 하나밖에 없던 구전율법의 표준이 사라진 것입니다. 그 다음부터는 구전율법이 조금씩 변질되어 갔습니다. 옛날에는 '어떤 사람이 이러이러한 잘못을 범했을 경우 그는 3일 동안 부정한가 아니면 5일 동안 부정한가' 하는 논쟁이 생겼을 경우, 예루살렘 구전학교에 알아보면 논쟁이 해결되었습니다. 예루살렘 구전학교의 담당 랍비가 '그 경우에는 3일 동안 부정합니다'라고 하면 모든 것이 해결되었습니다.

하지만 이제는 문제를 해결해 줄 최종적인 권위가 사라졌습니다. 그래서 곳곳에서 가장 영향력이 큰 랍비가 주장하는 것이 그 지역의 표준이 되었습니다. 그러다 보니 같은 사안에 대해 바벨론 지역에서는 5일 동안 부정하다고 하고, 시리아 지역에서는 3일 동안 부정하다고 하고, 소아시아 지역에서는 7일 동안 부정하다고 하는 결과가 나타났습니다. 세월이 흐를수록 구전율법의 통일성은 더욱 손상되어 갔습니다.

이런 혼란을 보다 못해 구전율법을 책으로 기록하자고 주장하는 사람들도 있었습니다. 하지만 그것은 있을 수 없는 일이었습니다. 왜냐하면 평신도들이 "그 계명은 왜 아무 책에도 없습니까?"라고 질문했을 때, "이 계명은 하나님께서 모세에게 책으로 기록하지 말라고 명령하셨기 때문에 책에 없는 것입니다"라고 대답을 했었기 때문입니다. 그렇게 대답을 했었는데 이제 와서 책으로 기록을 한다면 자신들이 했던 말과 모순이 됩니다. 그래서 랍비들은 구전율법이 훼손되어 가는 것을 지켜보면서도 할 수 있는 일이 아무 것도 없었습니다. 그렇게 계속 세월이 흘러갔습니다.

그러다가 랍비들은 이제는 더 이상 책으로 기록하는 것을 미룰 수 없다는 판단을 하게 됩니다. 그래서 랍비 아키바(Akiva)와 랍비 메이르(Meir)가 당시 암기되고 있던 구전율법을 수집했고, 그것을 랍비 예후다 하나시(Yehuda Hanassi)가 주후 200년경에 세포리스(Sefforis)에서 편집하여 책으로 만들었습니다. 이 책을 미쉬나(*Mishnah*)라고 합니다.

바리새파의 신학: 탈무드의 탄생

〈미쉬나(Mishnah)〉 미쉬나는 우리가 볼 때는 그냥 인간의 책입니다. 사람들이 율법을 더 잘 지키도록 만들겠다는 명목으로 여러 규정들을 만들었고, 그 규정에 신적인 권위를 부여하기 위해 그것을 구전율법이라고 불렀습니다. 그리고 그것을 책으로 기록한 것이 미쉬나입니다. 그렇기 때문에 우리가 볼 때는 미쉬나는 아무런 신적 가치가 없는 책입니다. 하지만 바리새인들의 관점에서는 그것은 하나님께서 시내산에서 모세에게 주신 율법을 책으로 기록한 것입니다. 그렇기 때문에 그들에게 미쉬나는 성경으로서의 가치를 지닌 것이었습니다.

〈게마라(Gemara)〉 성경에 대한 해설서를 보통 성경주석이라고 합니다. 미쉬나는 하나님의 율법의 지위를 가지고 있었기 때문에 거기에 대해 랍비들이 주석들을 기록했습니다. 그것을 '게마라'라고 합니다. 사람들은 구전율법을 공부할 때 미쉬나와 해당 본문에 대한 게마라를 함께 펴 놓고 공부했습니다. 그런데 이것은 성가신 일이었습니다. 그래서 미쉬나와 게마라를 합본해 버리자는 논의가 발생합니다.

〈탈무드(Talmud)〉 그래서 먼저 팔레스타인 지역에서 합본이 나왔는데 그것을 '예루살렘 탈무드'라고 합니다. 예루살렘에서 제작된 것은 아니지만 그곳이 팔레스타인의 대표도시로서의 상징적 의미가 있기 때문에 예루살렘 탈무드라고 하는 것입니다. 하지만 그것은 완성도가 높지 못했습니다. 탈무드가 편집될 무렵에 팔레스타인이 정치적으로 혼란했기 때문입니다.

그래서 나중에 바벨론 지역에서 다시 한 번 편집 작업이 진행됩니다. 그 결과로 나온 것이 주후 600년경에 완성된 바벨론 탈무드입니다. 현재 그냥 탈무드라고 하면 바벨론 탈무드를 말합니다. 예루살렘 탈무드를 부를 때는 꼭 예루살렘 탈무드라고 전체 이름을 부르거나 혹은 애칭으로 '예루샬미'라고 부릅니다.

〈구약성경을 경전으로 삼는 종교〉 전 세계에서 구약성경을 자신들의 종교의 경전으로 삼는 종교는 세 개가 있습니다. 기독교는 구약성경과 신약성경, 이슬람교는 구약성경과 꾸란(코란), 유대교는 구약성경과 탈무드를 경전으로 삼습니다. 우리가 볼 때는 좋은 교훈집이나 재미있는 이야기책처럼 보이는 탈무드를 유대인들은 왜 경전으로 취급하는지 이제 이해하셨을 것입니다.

주전 63년: 로마의 폼페이우스 장군에 의한 예루살렘 점령

〈율리우스 카이사르〉 막카비 전쟁의 승리로 시작된 하스모니안 왕조는 주전 63년에 끝납니다. 로마 장군 폼페이우스가 예루살렘을 정복한 것입니다. 로마 역사에서 폼페이우스 장군은 매우 유명한 사람입니다. 율리우스 카이사르(Gaius Julius Caesar, 주전 100.7.12. – 주전 44.3.15.)가 유럽 정벌을 마치고 로마로 돌아오려 할 때 그가 왕이 될 것을 두려워한 원로원은 카이사르에게 단신으로 법정에 출두할 것을 명령합니다. 당시 로마의 장군들은 로마의 국경 안으로는 무장군인들을 이끌고 올 수 없었습니다. 쿠데타의 위험 때문에 생긴 법입니다. 지금은 이탈리아 북동부의 작은 강이지만 당시에는 루비콘 강이 로마의 국경선이었습니다. 군대를 이끌고 루비콘 강을 건너오면 원로원과 정면대결을 하게 됩니다. 카이사르는 고심한 끝에 유럽 대륙을 평정했던 군단을 이끌고 로마로 진격하기로 결심합니다. 여기서 나온 말이 '루비콘 강을 건너다' 입니다.

〈폼페이우스〉 원로원은 다급해집니다. 그래서 폼페이우스 장군에게 자신들을 보호해줄 것을 부탁합니다. 이후 몇 년에 걸쳐서 카이사르와 폼페이우스 사이에 내전이 벌어집니다. 그 때의 역사를 기록한 책이 '내전기(內戰記)'입니다. 카이사르가 이 내전에서 승리합니다. 그 후 로마에서 머물고 있던 카이사르는 파르티아 정벌을 계획합니다. 그는 출병하기 며칠 전에 원로원에 갔다가 공화파(황제 제도를 반대하고 원로원 중심으로 로마를 이끌려 한 사람들) 의원들에 의해 살해당하고 맙니다. 예루살렘을 점령한 폼페이우스가 바로 카이사르와 경쟁하던 그 장군이었습니다. 비록 카이사르에게는 졌지만 지중해 동부의 해적들을 단기간에 소탕했던 상당히 유능한 장군이었습니다.

주전 40년: 헤롯이 로마 황제로부터 왕위를 받음

로마는 이스라엘을 점령한 후 그들을 통치할 전략을 세웁니다. 로마가 결정한 전략은 이스라엘에 꼭두각시 왕을 세우자는 것이었습니다. 로마가 직할로 이스라엘을 통치할 경우 강한 저항이 예상되었습니다. 저 강력했던 셀류키드 왕조에게 대항하여 싸워서 기어이 독립을 달성했던 사람들입니다. 굳이 그들과 문제를 일으킬 필요는 없었습니다. 그래서 로마는 큰 문제를 일으키지 않고 유대인들을 다스리면서 세금을 로마에 잘 가져다 바칠 꼭두각시 왕을 세우고자 했습니다.

젊은 헤롯은 당시에 갈릴리를 다스리고 있었습니다. 그는 로마 황제에게 가서 자신이 그 일을 하겠다고 나섭니다. 그리고 실제로 로마 황제에 의해 유대인의 왕으로 임명됩니다. 그것이 주전 40년의 일입니다. 그러나 곧장 왕위에 오르지는 못했습니다. 유대인들이 그가 왕이 되는 것을 극렬하게 반대했기 때문입니다. 가장 큰 이유들 중 하나는 헤롯이 혈통적으로 순수한 유대인이 아니었기 때문입니다. 그는 에돔 족속(당시의 이두메)과 유대인의 혼혈이었습니다. 그래서 3년 동안 여러 우여곡절을 겪은 끝에 주전 37년에야 왕위에 오를 수 있었습니다.

주전 37년: 헤롯 대왕의 즉위

주전 37년에 왕위에 오른 헤롯은 한편으로는 유대인들의 환심을 사기 위해 많이 노력하면서 다른 한 편으로는 자신의 정적들을 무자비하게 숙청했습니다. 그는 인기를 얻기 위해 예루살렘 성전을 건설했습니다. 그는 자신의 혈통에 대해 열등감을 가지고 있었기 때문에 몰락한 하스모니안 왕조의 왕

녀인 마리암네(Mariamne)를 아내로 맞아들였습니다. 사람들이 좋은 혈통을 가진 아내 때문에 자신을 인정해 주기를 기대한 것입니다. 하지만 마리암네의 인기가 높아지자 자신의 왕위가 위태로워질 수 있다는 의심을 품게 됩니다. 그래서 결국 헤롯은 마리암네를 살해해 버리고 맙니다. 왕권을 위해서는 가족들까지도 무참하게 제거해 버렸습니다. 심지어 헤롯은 자신의 아들들 중 하나도 자신의 왕위를 위협한다는 이유로 자신이 죽기 5일 전에 죽여 버렸습니다. 이런 헤롯이었기 때문에 베들레헴의 아기들을 죽이는 것도 능히 가능했던 일이었습니다.

주전 4년: 헤롯 대왕의 죽음과 영토의 분할

헤롯 대왕은 후계자 문제를 제대로 정해 놓지 못한 채 주전 4년에 죽었습니다. 그래서 그의 아내들과 아들들은 로마 황제에게 가서 서로 자신에게 왕위를 달라고 요청했습니다. 그때의 이야기를 읽어 보면 어떤 아들은 헤롯 대왕이 자신에게 왕위를 물려주기로 했다는 유언장을 황제에게 보이기도 하고, 또 다른 아들은 그 유언장이 무효임을 주장하기도 하는 등 오늘날의 법정 드라마를 보는 듯한 광경들이 펼쳐집니다.

결국 로마 황제 아우구스투스(Augustus; 주전 63.9.23. – 주후 14.8.19. 재위는 주전 27년 – 주후 14년)는 헤롯의 아들들 중 세 명,

즉 아켈라오, 안디바, 빌립을 분봉왕(tetrarch)으로 임명하고 헤롯 대왕이 다스리던 영토를 그들에게 나누어줍니다. 참고로 한 민족 전체를 다스리던 왕을 민족왕(ethnarch)이라고 하고, 민족왕의 영토의 사분의 일 정도를 다스리는 왕을 분봉왕(tetrarch)이라고 합니다. 분봉왕은 '분'할된 '봉'토를 다스리는 '왕'이라는 뜻입니다. 왜 사분의 일이라고 하느냐 하면 분봉왕의 라틴어 명칭인 '테트라크'에서 '테트라'가 '사(4)'라는 뜻의 접두어이기 때문입니다. 분봉왕은 민족왕보다 지위가 낮습니다. 헤롯 대왕은 민족왕이었고 그의 후손들은 모두 분봉왕이었습니다. 우리 성경은 민족왕은 그냥 왕이라고 번역하고 있습니다.

아켈라오(재위 주전 4년 - 주후 6년): 사마리아, 유대, 이두메 통치

아켈라오는 사마리아, 유대, 이두메를 통치했습니다. 사마리아는 종교적으로는 유대인들에게 불결한 곳으로 여겨졌지만 경제적으로는 중요한 곳이었습니다. 그 당시의 주요 항구들이 사마리아 지역에 있었기 때문입니다. 이두메는 구약 시대에 에돔 족속이 살았던 곳입니다. 헤롯 대왕이 에돔 족속과 유대인 사이의 혼혈인이었다는 것은 앞에서 이야기했습니다.

그림: 헤롯 대왕과 그의 아들들의 영토

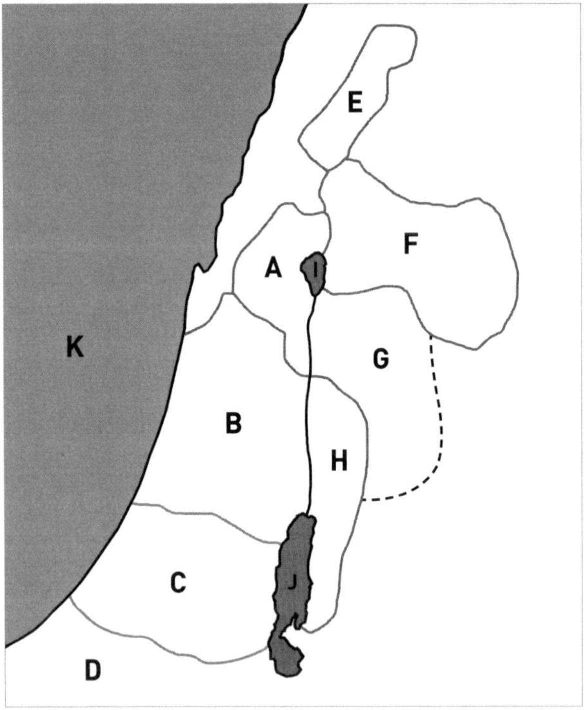

A: 갈릴리, B: 사마리아, C: 유대, D: 이두메, E: 이두래, F: 드라고닛,
G: 데가볼리, H: 베레아(Perea), I: 갈릴리 호수, J: 사해, K: 대해(지중해)

* 헤롯 대왕의 영토: A–J (이방인 지역이었던 G 데가볼리는 제외)
* 아켈라오의 영토: B, C, D
* 안디바의 영토: A, H
* 빌립의 영토: E, F

아켈라오는 그 잔인성으로 악명이 높았습니다. 그 증거가 예수님의 탄생 이야기에도 등장합니다. 마태복음 2장 21-23절은 “요셉이 일어나 아기와 그 어머니를 데리고 이스라엘 땅으로 들어가니라. 그러나 아켈라오가 그의 아버지 헤롯을 이어 유대의 임금 됨을 듣고 거기로 가기를 무서워하더니 꿈에 지시하심을 받아 갈릴리 지방으로 떠나가 나사렛이란 동네에 가서 사니”라고 말씀합니다. 요셉이 예수님을 모시고 애굽(이집트)에서 이스라엘 땅으로 돌아왔지만 아켈라오가 유대 땅의 왕이 된 것을 보고 겁을 냈다고 합니다. 결국 요셉은 꿈에 지시하심을 받아 갈릴리 지방 나사렛에 가서 정착했습니다.

〈요셉이 갈릴리에 정착한 이유〉 요셉이 유대가 아니라 갈릴리에 정착한 이유는 단지 갈릴리가 예루살렘으로부터 멀리 떨어진 곳이었기 때문이 아닙니다. 그가 갈릴리로 가게 된 이유는 예루살렘과 갈릴리를 다스리는 왕이 달랐기 때문입니다. 예루살렘을 비롯한 유대는 잔인한 아켈라오가 다스렸지만 갈릴리는 안디바가 다스렸습니다. 하나님께서는 요셉이 아켈라오의 통치를 피해 다른 곳에 가서 정착하도록 이끄셨던 것입니다.

주후 6년: 아켈라오의 폐위와 열심당의 출현

아켈라오가 너무나 잔인하게 통치했기 때문에 사마리아와 유대 사람들은 그들의 대표자를 로마 황제에게 보내서 아켈라오를 폐위시켜 달라는 요구를 했습니다. 그들의 이야기를 들은 아우구스투스는 사실관계를 확인한 후 아켈라오를 폐위시킵니다. 아켈라오는 오늘날 오스트리아의 빈(Wien, 영어식 Vienna)으로 쫓겨났습니다.

그런데 후임자를 정하는 일이 문제였습니다. 팔레스타인의 노른자 땅을 다스리는 일은 누구나 탐내는 일이었습니다. 그런데 헤롯 대왕이 죽었을 때의 혼란을 기억하고 있던 아우구스투스는 아켈라오가 다스리던 지역을 로마의 직할령으로 삼겠다고 선언했습니다. 왕을 세우는 대신 로마 총독을 파견하여 직접 통치하겠다는 뜻이었습니다.

〈첫 총독의 파송〉 그렇게 해서 파견된 첫 번째 총독은 코포니우스(Coponius)라는 사람이었습니다. 그런데 이것이 유대인들의 민심을 흔들어놓았습니다. 로마 총독에게 직접 세금을 바치니까 그들이 낸 세금이 로마 황제에게 간다는 사실이 너무나 분명하게 드러난 것입니다. 물론 그 전에도 세금은 결국 로마로 흘러갔습니다. 그러나 동족인 왕이 세금을 거둔 후 그를 통해 로마에 바쳤었기 때문에 일반 유대인들은 저항감을 덜 느낄 수 있었습니다.

〈열심당의 출현〉 하지만 이제는 로마 총독이 직접 세금을 거두어 갑니다. 그래서 로마에 무기를 들고 대항하는 사람들이 나타났습니다. 그들이 성경이 말하고 있는 열심당입니다. 열혈당, 셀롯인, 젤롯인이라고도 합니다. 그들은 로마에 대항해 일어나기는 했지만 로마 정규군을 직접 공격하지는 못했습니다. 그 대신 로마에 빌붙어 살며 동족들을 괴롭히는 친로마파 인사들을 암살하는 일을 했습니다. 열심당원들은 암살용 단도를 품에 지니고 다녔습니다. 그 단도를 아람어로 '식카리'라고 하는데 이것이 그들의 별명이 되었습니다.

안디바(재위 주전 4년 - 주후 39년): 갈릴리, 베레아(Perea) 통치

안디바는 갈릴리와 베레아를 영토로 받았습니다. 특이한 것은 두 영토가 서로 떨어져 있다는 것입니다. 하지만 어차피 모두 로마 제국의 영토였기 때문에 그것은 별 문제가 되지 않았습니다. 베레아(Perea)라는 이름은 성경에 한 번도 등장하지 않습니다. 우리에게 익숙한 비슷한 이름의 도시는 베뢰아(Berea)입니다. 영어로 썼을 때는 첫 철자가 다릅니다(Perea, Berea). 베뢰아는 사도 바울이 2차 전도여행 때 방문했던 곳입니다(행 17:11).

〈세례 요한의 죽음과 마케루스〉 안디바는 세례 요한을 죽인 왕입니다. 생일잔치를 진행하던 중 그를 죽였습니다. 참고로 안디바의 생일잔치가 열렸던 곳은 베레아 지역의 마케루스(Machaerus)라는 곳입니다. 그곳은 온천으로 유명했습니다. 왕이 잔치를 했으니 그곳이 예루살렘이었을 것이라고 생각할 수 있지만 예루살렘은 안디바의 영토가 아니었습니다.

〈헤로디아의 권력욕〉 생일잔치 때 헤로디아(Herodias)의 딸 살로메(Salome)가 춤을 추자 안디바는 그녀에게 선물을 주겠다고 제안했습니다. 살로메는 어머니 헤로디아에게 가서 어떤 선물을 구할지를 물었습니다. 그러자 헤로디아는 세례 요한을 죽여 줄 것을 부탁하라고 합니다(마 14:8).

여기서 우리가 알 수 있는 것은 헤로디아는 왕에 의해 강제로 이혼을 당하고 전남편을 그리워하며 살았던 그런 정숙한 여인이 아니라는 것입니다. 그녀는 대단히 정치적인 여자였습니다. 만약 그녀가 전남편을 그리워했다면 안디바와의 결혼의 불법성을 지적했던 세례 요한에게 고마운 마음을 가졌어야 했을 것입니다. 하지만 그녀는 왕과의 결혼을 만족스럽게 생각하고 있었고 그 결혼을 방해하는 세례 요한을 미워하고 있었습니다. 그래서 세례 요한을 죽여 줄 것을 요구한 것입니다. 그녀는 그 후에도 계속 정치적인 행보를 보이다가 주후 39년에 헤롯 안디바와 함께 지금의 프랑스 리용(Lyon)으로 쫓겨 가서 거기서 생을 마쳤습니다.

빌립(재위 주전 4년 - 주후 34년): 이두래와 드라고닛 통치

빌립은 갈릴리 북동부에 있던 이두래와 드라고닛을 통치했습니다. 헤로디아의 전남편이었던 빌립과는 다른 사람입니다. 그는 다른 두 왕들에 비해 비교적 평범한 사람이었던 것 같습니다. 그에 대한 악한 평가는 성경에 별로 등장하지 않습니다. 그는 가이사랴 빌립보를 건설한 것으로 알려져 있습니다.

헤롯 아그립바 1세(재위 주후 37-44년): 헤롯 대왕의 손자

헤롯 아그립바 1세는 헤롯 대왕의 손자입니다. 헤롯 대왕이 하스모니안 가문의 마리암네(Mariamne)라는 여인과 결혼을 했었습니다. 그 둘 사이에서 태어난 아들이 아리스토불루스(Aristobulus)인데 아그립바 1세는 그의 아들입니다. 아그립바 1세는 4남매를 두었는데 버니게, 마리암네, 드루실라, 그리고 아그립바 2세입니다. 두루실라는 사도행전 24장 24절에 등장하는 유대 총독 벨릭스의 아내가 되었고, 버니게는 남편이 죽은 후 오라비인 아그립바 2세와 부부처럼 함께 살았습니다(행 25:13).

헤롯 아그립바 1세는 사도행전 12장에서 사도 야고보를 죽인 사람입니다. 그는 누로와 시돈 사람들 앞에서 연설을 하다가 벌레에게 먹혀서 죽었습니다(행 12:23). 요세푸스의 '유대고대사'에 따르자면 사람들이 아그립바에게 당신은 신이라는 아첨을 했으나 그는 이를 말리지 않았고 곧이어 배를 움켜쥐고 쓰러졌다고 합니다. 그는 5일 동안이나 복통으로 고통을 받다가 죽었습니다(요세푸스, "유대 고대사," 19.8.2).

헤롯 아그립바 2세(재위 주후 50-100년): 아그립바 1세의 아들

아그립바 2세는 세상적으로 보았을 때는 기회를 잘 만나서 승승장구하며 살았던 사람입니다. 처음에는 빌립의 영토를 받았지만 나중에는 헤롯 대왕이 다스리던 영토를 모두 통치하며 살았습니다. 그는 사도행전 25장에서 베스도가 사도 바울을 재판할 때 함께 있었던 사람입니다. 그 때 누이 버니게(Bernice)도 함께 있었는데 버니게의 라틴어식 발음은 베르니체입니다. 그렇게 읽으면 여성이라는 것을 분명하게 알 수 있습니다.

주후 66년에 대로마항쟁이 시작됨: 열심당이 주축을 이룸

주후 64년부터 68년은 로마의 네로 황제가 기독교인을 핍박한 때입니다. 이 시기에 사도 바울과 베드로를 비롯한 많은 기독교인들이 순교했습니다. 이 핍박은 주후 68년에 네로 황제가 자살함으로 끝납니다. 66년부터 73년의 기간은 유대인들이 대로마항쟁을 벌인 기간입니다.

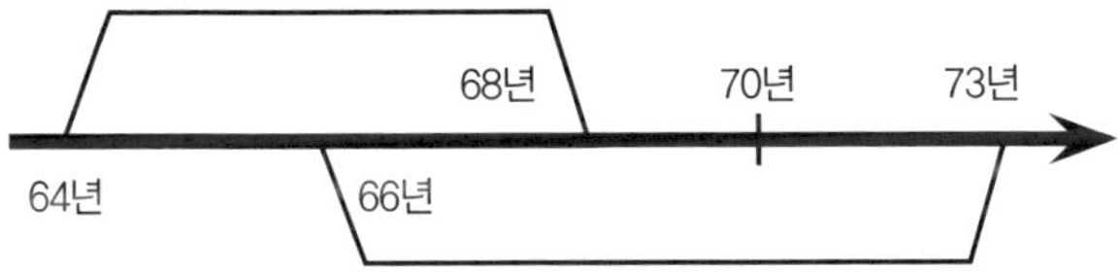

〈총독 플로루스의 만행〉 그 당시 역사를 읽어보면 총독 플로루스(Gessius Florus, 주후 64-66년까지 유대 총독)는 일부러 만행들을 저질렀습니다. 유대인들이 무기를 들지 않을 수 없도록 그들을 자극한 것입니다. 그 이유는 자신이 워낙 부정부패를 많이 저질렀기 때문입니다. 그는 자신의 악행들 때문에 로마 황제에게 고소를 당하기 전에 유대인들이 반란을 일으켜서 자신의 악행이 무마될 수 있기를 바랐습니다. 온건한 유대인들은 로마에 대항하지 않으려 했지만 플로루스는 유대인들이 더 이상 인내심을 발휘할 수 없을 지경까지 그들을 몰아붙였습니다.

〈대로마 항쟁의 시작〉 총독 플로루스는 성전 금고에서 약 17달란트의 금화를 탈취해 가려고 했습니다. 1달란트는 구약시대에는 약 34킬로그램 정도였습니다. 금 1달란트는 은 1달란트에 비해 약 15배의 가치를 지니고 있었습니다. 로마 총독이 하나님께 바친 헌물을 훔치려 하자 유대인들은 더 이상 분노를 참을 수 없게 되었습니다. 그래서 결국 로마에 대항하는 전쟁이 벌어졌습니다.

〈열심당의 이상한 신학〉 이 전쟁을 일으키고 그 주역이 되어 용감하게 싸운 사람들은 열심당이었습니다. 그런데 그들은 이상한 신학을 가지고 있었습니다. 하나님께서 유대인들에게 구원자를 보내주셔야 합니다. 그런데 하나님께서 메시야를 예정된 시간보다 빨리 보내시도록 할 방법이 있습니다. 그것은 자신들이 전투에 나가서 빨리 많이 죽는 것입니다. 하나님은 유대인들을 사랑하시는 아버지이십니다. 그렇기 때문에 자식들이 비참하게 죽는 모습을 보시면 메시야를 예정하셨던 시간보다 빨리 보내주실 것이라고 생각했습니다. 그래서 그들은 죽기를 각오하고 아주 열심히 싸웠습니다.

〈기독교인들의 태도〉 기독교인들은 이 전쟁에 참여하지 않았다고 알려져 있습니다. 왜냐하면 열심당이 이 전쟁을 일으킨 이유들 중 하나가 메시야가 빨리 오시도록 하자는 것이었는데, 기독교인들의 입장에서는 메시야는 이미 오셨기 때문입니다. 예수님께서는 이미 세상에 오셨다가 부활 승천하셨습니다. 그렇기 때문에 기독교인들은 이 전쟁에 참여할 이유가 없었습니다.

주후 2세기에 리용(Lyon)의 주교였던 이레네우스(Iranaeus, 주후 125–202)에 따르자면, 기독교인들은 요단강 동쪽 산 위에 있던 펠라(Pella)라는 성읍에서 전쟁이 끝날 때까지 머물러 있었다고 합니다. 그들이 그렇게 한 것은 예수님께서는 누가복음 21장 21절에서 “그 때에 유대에 있는 자들은 산으로 도망갈 것이며”라고 말씀하신 것을 지키기 위해서였다고 합니다. 기독교인들은 이런 이유 때문에 전쟁이 끝난 후에는 다른 유대인들에게 미움을 받게 됩니다.

주후 70년에 디도(Titus) 장군에 의해 예루살렘이 파괴됨

네로 황제는 유대인들이 반란을 일으켰다는 소식을 듣자 베스파시아누스(Vespasianus Flavius) 장군과 그의 아들 디도(Titus) 장군을 파송했습니다. 그들은 6만 명의 군대를 거느리고 팔레스타인으로 왔습니다. 앞의 표에서 주후 70년을 특별히 표시한 것은 그 해에 예루살렘 성이 디도 장군에 의해 무너졌기 때문입니다.

예루살렘 포위전은 매우 참혹했습니다. 로마군은 예루살렘에서 탈출하려는 자들은 모두 잡아서 십자가에 못 박아 죽였습니다. 예루살렘이 함락될 때까지 약 1만 명이 그렇게 죽었다고 합니다. 주후 70년 8월 10일에 로마군이 예루살렘 성을 점령하고 성전을 불태웠습니다. 9월 20일에는 예루살렘에서 모든 전투가 사라졌습니다. 포로로 잡힌 유대인은 약 9만 7천 명이었습니다. 그 때 디두가 예루살렘 성전 벽 한 쪽을 무너뜨리지 않고 기념으로 남겨 두었는데 그것이 오늘날의 통곡의 벽입니다.

전쟁의 패망이 유대교의 4개 분파에 끼친 영향

〈열심당〉 대로마항쟁이 패배로 끝나자 열심당은 역사에서 사라져 버렸습니다. 그들이 전쟁의 주도세력이었기 때문입니다. 그들은 대부분 전사하거나 포로로 끌려갔습니다.

〈사두개파〉 사두개파 역시 역사에서 사라졌습니다. 그들은 성전 제사를 존립의 기반으로 삼고 있던 자들입니다. 그렇기 때문에 성전이 사라지자 그들도 사라졌습니다.

〈엣센파〉 엣센파는 이미 주후 68년에 로마 군대에 의해 파괴되었습니다. 원래 비무장 수도자 단체였던 엣센파는 손쉽게 붕괴되어 버리고 말았습니다.

〈바리새파〉 마지막까지 명맥을 유지했던 것은 바리새파입니다. 그들은 율법 중심의 분파였기 때문에 성전이 무너진 다음에도 별 문제 없이 살아남을 수 있었습니다.

주후 70년: 랍비 요하난 벤 자카이가 로마에 항복함

주후 70년에 예루살렘이 함락되기 직전에 요하난 벤 자카이(Johanan ben Zakkai)라는 랍비가 성에서 탈출하여 로마군에 항복합니다. 로마군은 그가 로마와 유대인 사이에서 다리 역할을 해 줄 수 있는 인물이라는 것을 알아보고 그에게 호의를 베풉니다. 요하난 벤 자카이는 로마 장군에게 예루살렘에서 랍비들을 구해낼 수 있도록 해 달라고 요청합니다. 학자들을 구해줘도 로마군에는 아무런 해가 없을 것이라고 판단한 로마 장군은 그것을 허락합니다.

〈야브네 종교회의〉 랍비 요하난 벤 자카이는 얌니아(Jamnia)라는 곳에서 랍비들과 함께 일종의 종교회의를 개최합니다. 그 회의의 목적은 성전이 필요 없는 율법 중심의 유대교를 만드는 것이었습니다. 그들은 성전이 언젠가는 회복될 것으로 보고 성전이 없는 중간기 동안에 따르고 지킬 율법 중심의 유대교를 만들었습니다. 그것이 지금 21세기에 유대인들이 따르고 있는 현대 유대교의 원형입니다.

주후 85-95년: 가말리엘 2세가 유대 기독교인을 회당에서 축출함

〈요하난 벤 자카이〉 랍비 요하난 벤 자카이가 새로운 유대교의 지도자였을 때는 예수님을 믿는 유대인들을 회당에서 내쫓지 않았습니다. 그의 성품이 포용적이었던 탓도 있지만 성전의 파괴로 인해 유대인들의 상황이 매우 급박했기 때문이기도 합니다. 예수님을 믿는 유대인들을 어떻게 처리해야 하는가 하는 문제는 당시로서는 중요한 문제가 아니었습니다.

〈가말리엘 2세〉 하지만 랍비 요하난 벤 자카이의 후계자로 가말리엘(Gamaliel) 2세가 등장하자 상황이 바뀌었습니다. 가말리엘 2세는 사도 바울의 스승인 가말리엘의 손자입니다. 가말리엘 2세는 예수님을 믿는 유대인들을 아주 싫어했습니다. 그래서 그들을 회당에서 내쫓기로 했습니다.

〈셰모네 에스레이: 18기도문〉 기독교인들이 교회에서 주기도문을 자주 낭송하듯이 유대인들은 회당에서 '셰모네 에스레이(*Shemoneh Esrei*)', 우리말로는 '18기도문'이라는 것을 자주 낭송했습니다. 히브리어로 셰모네는 숫자 8이고 에스레이는 10이어서 합하면 18이 됩니다. 그 기도문이 18개의 기도제목들로 이루어졌기 때문에 이런 이름이 붙었습니다. 그런데 가말리엘 2세는 12번째 기도문으로 기독교를 저주하는 내용을 집어넣었습니다. '셰모네 에스레이'의 전체 구성은 다음과 같습니다.

> 1) 조상들을 지키시고 사랑하시는 하나님, 2) 전능하신 하나님, 3) 하나님의 이름의 거룩함, 4) 인간에게 지식을 주시는 하나님, 5) 회개하게 하소서, 6) 용서해 주소서, 7) 구원하소서, 8) 치료하시고 건강을 주소서, 9) 풍년을 주소서, 10) 흩어진 디아스포라를 돌아오게 하소서, 11) 정의를 회복케 하소서, 12) 이단(기독교)을 멸하소서(비르카트 하미님), 13) 의인을 축복하소서, 14) 예루살렘을 재건하소서, 15) 다윗의 후손을 보내서 다스리소서, 16) 기도를 들어주소서, 17) 시

온 산에서 성전 예배를 회복하소서, 18) 감사의 기도, 19) 평화를 주소서. (남병식, 『바이블문화코드』 [서울: 생명의 말씀사, 2006], 82–83).

18개의 기도문에 12번째가 새로 삽입되어 19개의 기도문이 되었지만 '셰모네 에스레이'라는 명칭은 변하지 않았습니다. 이미 확립된 고유명사였기 때문입니다. 위에 소개한 것은 각 기도문의 제목들이고 각 제목마다 짧은 기도문이 붙어 있습니다. 12번째 기도문은 '비르카트 하미님'(*birkat haminin*, 이단 저주문)이라고 불리는데 그 내용은 다음과 같습니다.

"배교자들에게는 어떤 소망도 없게 하시고, 우리의 생애 동안에 오만의 지배를 속히 근절하시며, 나사렛인들과 이교도들이 일순간에 멸망하도록 하시고, 그들을 생명책으로부터 지워버리셔서 의인들과 함께 기록되지 않게 하소서. 오만한 자를 겸손케 만드시는, 오 여호와여, 당신은 복되시도다." (G. R. Beasley-Murray, 『요한복음』, *Word Biblical Commentary*, vol. 36, 이덕신 역 [서울: 도서출판 솔로몬, 2001], 54.)

이렇게 해서 기독교인들은 회당에서 쫓겨나고 유대인들에

게 출회를 당합니다(참조, 요 9:22; 12:42; 16:2). 기독교라는 종교와 유대교라는 종교가 완전히 분리된 것입니다. 그런데 서로 분리되고 나니 이상한 점이 있습니다. 회당과 교회 모두에서 구약성경을 읽고 있는 것입니다. 그래서 회당과 교회는 그들 중 누가 구약성경의 참된 후계자인가를 두고 격렬한 논쟁을 벌이게 됩니다.

이런 논쟁의 분위기 속에서 탄생한 책이 요한복음입니다. 그렇기 때문에 요한복음에서는 예수님과 유대인들 사이의 논쟁이 많이 소개되어 있습니다. 요한복음이 쓰일 당시 논쟁의 대상이었던 주제들에 대해 예수님께서 하신 말씀들을 소개하고자 한 것입니다(요한복음 5장의 안식일 논쟁, 6장의 생명의 떡 논쟁, 9장의 출교 논쟁 등). 신약성경 중에서 가장 마지막에 쓰인 것이 요한문헌(요한복음, 요한1,2,3서, 요한계시록)인데 그 책들의 배경을 설명했으므로 신구약중간사에 대한 설명은 여기서 마칠까 합니다.

제2장

…

예수님의 지상생애와 사복음서

02

예수님의 지상생애와 사복음서

예수님의 탄생 시기

예수님께서는 주전 5년에 태어나신 것으로 되어 있습니다. 우리는 흔히 주전(B.C.)과 주후(A.D.)를 나누는 기준이 예수님의 탄생인 것으로 알고 있습니다. 그런데 어떻게 해서 예수님께서 주전 5년에 태어나셨다고 말하는 것일까요? 답은 후대의 계산착오 때문입니다.

예수님께서 태어나셨을 때 로마 황제가 명령을 내려서 '금년을 주후 1년으로 한다'라고 한 것이 아닙니다. 당시에는 아무도 예수님의 탄생에 주목하지 않았습니다. 고대의 연대는 흔히 '무슨 왕 몇 년'으로 불렸습니다. 이것은 성경에도 나타납니다. 세례 요한이 활동을 시작한 시기에 대해 누가복음 3장 1–2절은 "디베료 황제가 통치한 지 열다섯 해 ... 하나님의 말씀이 빈 들에서 사가랴의 아들 요한에게 임한지라"라고 말씀합니다. 세례 요한이 사역을 시작한 해가 로마 황제 티베리우스(Tiberius) 즉위 15년째 되던 해라는 것입니다. 그는 주후 14년 8월 19일에 즉위했으므로 세례 요한이 활동을 시작한 시기는 주후 28년 8월 19일부터 29년 8월 18일 사이의 어떤 때입니다.

〈A.D.를 처음 만든 사람〉 예수님이 태어나신 해를 처음으로 계산한 사람은 디오니시우스(Dionysius Exiguus of Scythia Minor)라는 수도사로 알려져 있습니다. 그는 예수님의 탄생 연도를 계산해 보고 자신이 살고 있던 그 해가 주후 525년이라고 발표했습니다. 그런데 후대 사람들이 정밀하게 계산해 보니 그의 계산에는 오류가 있었습니다. 그가 예수님이 태어나신 해라고 생각했던 것이 사실은 주전 5년이었습니다. 그래서 우리는 예수님께서 주전 5년에 태어나신 것으로 알고 있습니다.

예수님의 나사렛 정착

헤롯 대왕이 예수님을 죽이려 했기 때문에 요셉과 마리아는 아기 예수님을 모시고 이집트로 피난을 떠났습니다(마 2:14). 헤롯 대왕이 죽자 천사는 요셉에게 그의 죽음을 알립니다(마 2:19 20). 그리고 요셉은 이스라엘 땅으로 돌아옵니다(마 2:21). 하지만 요셉은 흉악한 아켈라오가 유대의 임금이 되었다는 것을 알고 유대에 정착하기를 두려워합니다(마 2:22). 그러자 하나님께서는 그에게 갈릴리 지방으로 가도록 지시를 내리십니다(마 2:22). 그래서 요셉은 나사렛이라는 동네에 정착했습니다(마 2:23). 유대와 갈릴리는 다스리는 왕이 달랐습니다. 당시 갈릴리 왕은 안디바였습니다. 그는 나쁜 사람이었지만 최소한 아켈라오처럼 나쁘지는 않았습니다.

세례를 받으시고 유대 지역에서 사역하심

예수님께서는 공생애를 시작하실 때 요단강에서 세례 요한에게 세례를 받으셨습니다. 세례를 받으신 후에 처음에 약 10개월 동안은 남쪽 유대를 중심으로 사역을 하셨습니다. 약 10개월이라고 한 것은 유월절 즈음(양력으로 3, 4월)에 사역을 시작하신 후(요 2:13) 양력 1월 정도에 갈릴리로 올라가셨기 때문입니다(요 4:35). 요한복음 4장의 시기가 왜 1월인지는 잠시 후에 설명하도록 하겠습니다.

남쪽 유대를 중심으로 사역을 하셨지만 유대 땅에만 계셨던 것은 아닙니다. 남쪽 유대에서 사마리아를 거쳐 북쪽 갈릴리까지 가는 데는 성인 남자가 걸어갈 경우 2박 3일 정도가 걸렸습니다. 예수님께서 예루살렘에 계시다가 갈릴리에 다녀오시는 데도 일주일 정도면 충분했다는 뜻입니다. 그러므로 유대 사역 기간이라고 해서 꼭 유대 지역에서만 머물러 계셨다고 볼 필요는 없습니다.

〈예수님과 세례 요한〉 그런데 이 유대 사역 기간에서 우리가 주목해야 할 것이 있습니다. 그게 뭐냐 하면 사람들은 예수님과 세례 요한의 사역을 같은 성격의 것으로 여기고 있었다는 것입니다. 두 분의 사역은 그 내용이 매우 비슷했습니다. 그 분들이 외치는 내용도 같았습니다. 세례 요한도 "회개하라 천국이 가까이 왔느니라"(마 3:2)라고 외쳤는데 예수님께서도 똑같은 말씀을 하셨습니다(마 4:17). 헬라어 성경으로도 글자 한 자 안 다르고 똑같습니다.

〈유대 지도자들의 미움〉 그런데 그들은 유대 지도자들에게 미움을 받았습니다. 왜냐하면 기존의 종교인들은 유대 지도자들의 귀에 거슬리는 설교나 연설을 하는 법이 없었는데, 예수님과 세례 요한은 그들을 비판하는 데 거침이 없었기 때문입니다. 백성들은 그분들의 말에 귀를 기울였습니다. 유대 지도자들에게 예수님과 세례 요한은 눈의 가시와 같은 존재들이었습니다.

세례요한이 죽은 후 갈릴리 지역으로 이동

〈세례 요한의 죽음〉 그러던 중 세례 요한이 헤로디아의 일 때문에 안디바에 의해 살해를 당합니다. 안디바는 갈릴리와 베레아(Perea)라는 따로 떨어진 두 영지를 다스리고 있었습니다. 그가 요단강 동쪽 베레아에 속한 마케루스 요새에서 생일잔치를 하던 중 헤로디아의 딸인 살로메가 춤을 추었습니다. 헤로디아는 그 상으로 세례 요한의 목을 요구했고 그래서 세례 요한은 거기서 죽임을 당하고 말았습니다.

〈유대에서 갈릴리로 이동하심〉 이것은 유대 지도자들에게는 기쁜 소식이었습니다. 그들은 자신들을 비판하는 예수님과 세례 요한을 싫어했습니다. 그런데 헤롯 안디바가 그 중의 한 명을 죽인 것입니다. 이제 자연스럽게 그들의 칼날은 예수님에게 쏠리게 됩니다. 유대 지역에서의 사역은 위험해졌습니다. 그런데 아직은 십자가에 못 박히실 때가 아닙니다. 그래서 예수님께서는 북쪽 갈릴리로 사역의 중심지를 옮기십니다. 이것이 요한복음 4장의 배경입니다. 예수님께서는 사마리아를 통과하여 갈릴리로 가시다가 수가성 여인을 만나서 그녀와 대화를 나누십니다. 그리고 그들의 마을에서 이틀을 머무신 후(요 4:40) 갈릴리로 가십니다(요 4:45).

갈릴리 사역 기간 동안의 유대 여행

예수님께서는 갈릴리 지역을 중심으로 약 2년 조금 넘는 기간 동안 활발하게 사역을 하셨습니다. 그러나 그 기간 동안 갈릴리 지역에만 계셨던 것은 아닙니다. 때로는 두로 지역으로도 가셨고(막 7:24) 주요 절기 때는 예루살렘 성전을 방문하기도 하셨습니다. 왜냐하면 모든 유대인 남자들은 일 년에 세 번씩 성전에 올라가서 하나님께 예배를 드려야 했기 때문입니다. "네 모든 남자는 매년 세 번씩 주 여호와께 보일지니라"(출 23:17).

마지막에 요단강 동쪽 데가볼리 지역을 통과하여 유대로 이동하심

예수님께서는 공생애 마지막 시기에 갈릴리에서 유대로 여행을 하십니다. 십자가에 못 박히시기 위해 예루살렘으로 가시는 것입니다. 요단강 동쪽 데가볼리와 베레아 지역을 통과하여 천천히 이동하셨습니다. 참고로 '데가'는 그리스어로 숫자 10(deka)이고 '볼리'는 '도시'(polis)라는 뜻입니다. 그러니까 '데가볼리'는 10개의 도시들이 있는 지역이라는 뜻입니다. 이곳은 이방인 지역이었습니다. 복음서에 보면 귀신들이 돼지 2천 마리에게 들어가 그것들이 물에 뛰어들어 몰사하는 장면이 있는데(막 5:13), 사람들이 돼지를 키우고 있던 것은 그들이 이방인이었기 때문입니다. 유대인들은 돼지를 키우지 않았습니다.

안나스와 가야바의 집에서의 재판

〈안나스와 가야바〉 예수님께서는 유월절 전날인 아빕월 14일 밤에 예루살렘 동쪽에 있는 감람산 겟세마네 동산에서 기도

하시다가 붙잡히십니다. 처음에는 안나스의 집에 끌려가셔서 심문을 받으셨고(요 18:13), 그 다음에 대제사장 가야바에게로 끌려가셨습니다(마 26:57; 요 18:24). 가야바가 당시의 대제사장이었고 재판의 책임자였습니다. 안나스는 이전에 대제사장이었던 적이 있던 자로서 가야바의 장인이었습니다.

〈먼저 안나스의 집으로 간 이유〉 곧장 현직 대제사장인 가야바의 집으로 가지 않고 먼저 안나스의 집으로 간 이유는 일종의 재판 예행연습을 하기 위해서였습니다. 가야바의 집에서의 재판은 정식 재판입니다. 즉 산헤드린이라는 공의회가 소집된 것입니다. 그런데 거기서 예수님의 유죄를 입증하지 못하면 곤란한 상황이 생길 것입니다. 그렇기 때문에 그들은 우선 안나스의 집에서 충분히 심문을 하여 유죄 결정을 내리고 가야바의 집에서는 그것을 반복하는 절차를 밟은 것입니다.

〈산헤드린의 정원〉 참고로 산헤드린은 유대인들의 대표 70명과 의장 1명으로 구성되어 있었습니다. 대제사장이 자동적으로 의장이 되었습니다. 그렇기 때문에 산헤드린의 정원을 70명이라고 해도 되고 71명이라고 해도 틀린 말이 아닙니다. 원래 대제사장은 종신직이었지만 로마 식민지 시대에는 정치적 상황에 따라 대제사장이 자주 바뀌었습니다. 그렇기 때문에 성경에 "그 해의 대제사장인 가야바"(요 11:49)라는 표현이 등장하는 것입니다. 매년 대제사장이 바뀌었다는 것이 아니라 예수님이 재판을 받으시던 그 해에 마침 그가 대제사장이었다는 뜻입니다.

예수님의 재판의 위법성

그런데 이 재판은 위법한 것이었습니다. 물론 죄 많은 인간들이 하나님의 아들을 재판하려고 했으니 당연히 위법입니다. 그런데 그런 것을 떠나서 당시 산헤드린의 내부규정에 비추어 보았을 때도 그 재판은 위법이었습니다.

첫째, 산헤드린은 밤에 열릴 수 없었습니다. 밤에 모여서 의논을 하는 것은 강도와 도둑들이나 하는 짓이라 하여 산헤드린은 반드시 해가 떠있을 때 열리도록 되어 있었습니다. 하지만 그들은 예수님의 재판을 밤에 열었습니다. 위법이었습니다.

둘째, 산헤드린은 모여서 의논할 의제를 반드시 최소한 며칠 전에 공고해야 했습니다. 그것은 현대의 국회도 마찬가지입니다. 주요 의제를 미리 의원들에게 공지하여 의원들이 그 사안에 대해 충분히 연구, 조사할 수 있도록 한 후에 회의를 열도록 되어 있습니다. 하지만 산헤드린은 14일 밤에 예수님을 체포한 후 갑자기 회의를 열었습니다. 위법이었습니나.

예수님의 죽음

예수님께서는 14일 밤에 체포되셨습니다. 안나스와 가야바의 집에서 밤새 심문을 받으신 후 새벽에 빌라도에게 끌려오셨습니다(요 18:28). 그리고 빌라도와 헤롯 안디바(눅 23:7)에게 심문을 받으신 후 빌라도를 통해 십자가형이 확정되셨습니다.

예수님께서는 유대시로는 제3시(막 15:25), 우리 시간으로는 오전 9시에 십자가에 못 박히셨습니다. 그리고 유대시로는 제6시(막 15:33), 우리 시간으로는 낮 12시에 온 땅에 어둠이 임했습니다. 그리고 유대시로는 제9시(막 15:34), 우리 시간으로는 오후 3시에 숨을 거두셨습니다(막 15:37). 오전 9시부터 오후 3시까지 십자가에 여섯 시간 동안 달려 계시다가 돌아가신 것입니다.

로마시와 유대시

위에서 유대시와 우리 시간을 번갈아 가며 언급했는데 거기에 대해 조금 설명을 하려고 합니다. 예수님 당시에 이스라엘에서 사용되던 시간 체계에는 두 가지가 있었습니다. 그것은 로마시와 유대시입니다. 로마시는 따로 설명할 것이 없습니다. 지금 우리가 사용하는 시간 체계가 바로 로마시입니다. 로마시가 유럽시가 되었고 유럽시가 오늘날 전 세계에서 사용하는 시간 체계가 되었습니다.

유대시의 낮 시간

유대시 중에서 낮 시간에 대해 설명합니다. 유대인들은 해가 뜰 때부터 해가 질 때까지를 열둘로 나누었습니다. 그리고 해가 뜰 때를 0시, 해가 질 때를 12시라고 불렀습니다. 그런데 이런 방식에는 문제가 있습니다. 일출시와 일몰시가 일 년 내내 조금씩 바뀌는 것입니다. 해가 떠 있는 시간이 달라지면 한 시간의 길이도 달라집니다. 여름의 한 시간은 겨울의 한 시간보다 깁니다. 그래서 성경에서 제3시라고 하면 컴퓨터를 사용해서 그 날의 일출시와 일몰시를 알아낸 후 제3시가 몇 시였는지를 계산해야 합니다.

이것은 여간 불편한 일이 아닙니다. 그래서 사람들은 평균을 내기로 했습니다. 예루살렘의 위도는 북위 약 31.8도이기 때문에 연교차가 그렇게 크지는 않습니다. 일 년 평균을 내보니 일출시간은 우리 시간으로 오전 6시 정도, 그리고 일몰 시간은 오후 6시 정도가 됩니다.

그런데 다행인 것이 유대시도 로마시와 마찬가지로 낮 시간을 12개로 나눴습니다. 그래서 유대시 0시(일출)는 로마시 6시, 유대시 1시는 로마시 7시, 이런 식으로 일정한 규칙성을 보입니다. 등차수열을 이루는 것입니다. 그래서 성경에서 유대시가 나오면 거기에 6을 더하면 그것이 우리 시간이라고 말하게 되었습니다. 하지만 그것은 어디까지나 평균적으로 그렇다는 것이지 정확한 것은 아닙니다.

로마시와 유대시의 밤 시간

유대시와 로마시의 밤 시간에 대해 설명하겠습니다. 로마인들은 24시간 체계를 가지고 있었지만 야간에는 특별히 한 시간 간격으로 시간을 나눌 필요가 없었습니다. 그래서 로마군의 보초교대 시간을 토대로 야간 시간을 넷으로 나누었습니다. 즉 우리 시간으로 저녁 6시부터 9시까지를 제1경, 9시부터 자정까지를 제2경, 자정부터 밤 3시까지를 제3경, 밤 3시부터 새벽 6시까지를 제4경이라고 불렀습니다.

성경에 가끔 "밤 사경"이라는 표현이 나오는데 이것은 로마시입니다. "밤 사경에 예수께서 바다 위로 걸어서 제자들에게 오시니"(마 14:25; 참조, 막 6:48). 반면 유대인들은 밤을 간단하게 셋으로 나눴습니다. 대략 저녁 6시부터 10시까지를 제1경, 10시부터 밤 2시까지를 제2경, 밤 2시부터 아침 6시까지를 제3경이라고 불렀습니다.

유대인의 하루의 시작: 일몰

유대인들의 하루는 일몰과 더불어 시작됩니다. 이를테면

해가 지기 전까지는 14일이다가 해가 지면 15일이 시작되는 것입니다. 얼핏 생각하면 이해가 되지 않는 방식입니다. 하지만 그 지역이 해가 뜨거운 중동지역이라는 것을 생각하면 이해가 됩니다. 우리처럼 낮 12시나 1시에 결혼식을 시작한다는 것은 불가능합니다. 살인적인 태양 볕이 내리 쬐는 시간에 잔치를 벌일 수는 없습니다. 그래서 그들은 저녁에 해가 지고 난 후, 대지가 식기 시작하면 잔치를 시작합니다. 그렇기 때문에 그들은 일몰 시간을 뭔가 중요한 일을 시작하는 시간으로 잡았고 이것이 발전하여 아예 하루의 시작을 일몰 시간으로 보게 된 것입니다.

이런 것은 창세기 1장에도 나타납니다. 하나님께서 세상을 창조하시는 장면에서 "저녁이 되고 아침이 되니 이는 몇째 날이니라"라는 표현이 반복해서 등장합니다(창 1:5, 8, 13, 19, 23, 31). 우리나라였다면 "아침이 되고 저녁이 되니"라고 했겠지만 창세기에서는 계속 저녁이 아침보다 먼저 나옵니다.

예수님의 장례와 안식일

〈아빕월과 니산월〉 예수님께서는 아빕월 15일, 요일로는 금요일 오후 3시경에 운명하셨습니다. 참고로 아빕월과 니산월은 같은 것입니다. 아빕월은 유대인들이 부르는 명칭이고 니산월은 바벨론 사람들이 부르는 명칭입니다. 우리는 한 해의 첫 달을 1월 혹은 정월이라고 부르지만 미국인들은 제뉴어리(January)라고 부르는 것과 같습니다. 유대인들이 나라가 망한 후 바벨론으로 갔더니 그곳 사람들은 아빕월에 해당하는 달을 니산월이라고 불렀습니다. 포로로 끌려온 사람들이 바벨론 사람들의 말을 배워야 했습니다. 그렇기 때문에 니산월이라는 명칭은 바벨론 포로기 이후의 문헌에 등장합니다(느 2:1; 에 3:7).

예수님께서는 금요일 오후 3시에 운명하셨습니다. 유대인들의 하루는 저녁 6시경에 시작되기 때문에 이제 3시간만 지나면 토요일 즉 안식일이 시작됩니다. 안식일에는 아무 일도 할 수 없습니다. 세 시간 안에 예수님의 육신을 어디로든 모셔야 합니다. 원래는 고향 땅인 갈릴리 나사렛으로 모셔야 하지만 그럴 시간은 없습니다. 그래서 아리마대 요셉은 자신의 무덤을 예수님께 제공하기로 했습니다(막 15:43; 요 19:38). 그런데 성경은 그가 예수님을 모셨던 무덤이 "아직 사람을 장사한 일이 없는 새 무덤"(요 19:41)이라고 말씀합니다. 우리는 이 부분이 잘 이해가 되지 않습니다. 왜냐하면 우리나라에서는 모든 무덤은 다 새 무덤이기 때문입니다. 그래서 이제 유대인들의 무덤 구조에 대해 설명을 하겠습니다.

유대인들의 무덤 구조와 장례법

〈무덤의 구조〉 유대인들의 무덤에는 동굴과 같은 입구가 있고 그 입구 안으로 들어가면 육면체의 방이 있습니다. 사람의 손으로 판 것입니다. 그 지역의 돌은 화강암과 같은 단단한 것이 아니라 주로 사암이기 때문에 파내기가 쉽습니다. 입구는 평소에는 커다란 맷돌처럼 생긴 돌로 막아둡니다. 그 돌이 상당히 크기 때문에 장정 여러 명이 밀어야 겨우 움직일 수 있습니다. 그렇기 때문에 여인들은 부활의 아침에 무덤으로 가면서 "누가 우리를 위하여 무덤 문에서 돌을 굴려 주리요"(막 16:3)라고 했던 것입니다. 무덤 입구의 아래쪽을 도랑처럼 길게 파놓았습니다. 그래서 돌이 그리로 굴러 들어가기는 쉽지만 일단 들어간 다음에는 빠져 나오기가 어렵습니다.

무덤 입구를 거쳐서 안으로 들어가면 방과 같은 공간이 나타납니다. 벽과 바닥 사이에 사방으로 둘러가며 무릎 높이 정도의 넓은 턱을 만들었습니다. 그것은 시신을 그곳에 눕히고 장례를 위한 작업을 하기 위한 것이었습니다.

〈시신의 처리〉 우선 너비가 30-40센티미터 정도 되는 기다란 천으로 시신을 둘러 감쌉니다. 그리고 그 위에 준비해 온 향료를 바릅니다. 예수님의 경우에는 니고데모가 "몰약과 침향 섞은 것을 백 리트라"(요 19:39) 정도 가지고 왔다고 했는데, 몰약과 침향은 방부제와 방취제로 사용되던 천연 향료로서 값이 매우 비쌌습니다. 백 리트라(litra)는 약 33킬로그램입니다(1리트라는 약 327그램). 이것은 왕족의 장례식에 사용될 정도로 많은 양이었습니다. 향료를 바른 위에 다시 천을 두릅니다. 그리고 다시 향료를 바르고 천을 두릅니다. 부자일수록 향을 바르고 천을 두르는 일을 여러 번 반복했습니다.

머리 부분도 마찬가지로 처리했습니다. 천으로 머리를 가로로 두릅니다. 그리고 천을 세로로 두른 후 목 부분에서 묶습니다. 그리고 향료를 바른 후 다시 천으로 두르는 작업을 반복합니다. 그래서 나중에는 머리가 둥근 공 모양을 하게 됩니다. 그래서 시신의 머리를 꺼내려면 정상적인 경우에는 천 부분을 칼로 갈라야만 합니다. 그런데 요한복음 20장 7절은 “또 머리를 쌌던 수건은 세마포와 함께 놓이지 않고 딴 곳에 쌌던 대로 놓여 있더라”라고 말씀합니다. 예수님께서 부활하시고 난 후에도 머리를 쌌던 천이 원래의 둥근 모양을 그대로 유지하고 있었다는 뜻입니다. 이것은 예수님이 벽을 통과하셨듯이 머리를 쌌던 천을 그대로 통과하여 나오셨다는 것입니다.

유대인들은 시신에 염을 다 하면 무덤 벽에 구멍을 뚫습니다. 그리고 그 구멍 속에 시신을 집어넣고 구멍 입구를 봉합니다. 지금 발굴된 무덤들을 조사해 보면 그 구멍들은 깊이가 약 180센티미터 정도입니다. 일 년 정도 이렇게 놔두었다가 나중에 시신을 꺼냅니다. 그런 다음 시신에서 뼈만 추려서 유골함에 넣고 그 유골함을 무덤의 한 구석에 놓아둡니다. 여기까지 하면 장례 절차가 완성되는 것입니다.

친척들 중에서 다른 사람이 죽으면 무덤 내부에 다른 구멍을 파고 그곳에 시신을 안치합니다. 다른 사람이 죽으면 또 그 옆에 구멍을 팝니다. 아리마대 요셉의 무덤을 "아직 사람을 장사한 일이 없는 새 무덤"(요 19:41)이라고 한 것은 무덤을 파서 방을 만들기는 했지만 아직 시신을 넣어두는 구멍은 한 번도 판 적이 없는 무덤이라는 뜻입니다. 자신의 가족과 친척을 위해 무덤을 새로 마련하고는 그 첫 매장자로서 예수님을 모셨던 것입니다.

그런데 예수님을 무덤에 모셨을 때는 시간이 충분하지 않았습니다. 금요일 오후 3시에 돌아가셨는데 이제 3시간 정도가 지나면 안식일이 시작되기 때문입니다. 그래서 무덤 벽에 구멍을 파는 작업은 할 수 없었고 염을 하는 작업만 마칠 수 있었습니다. 그래서 안식일 이후에 여인들과 제자들이 찾아왔을 때는 예수님의 몸을 쌌던 천들이 무덤 속의 무릎 높이의 턱 위에 놓여 있었고 그곳에 천사들이 앉아 있었던 것입니다. "흰 옷 입은 두 천사가 예수의 시체 뉘었던 곳에 하나는 머리편에, 하나는 발편에 앉았더라"(요 20:12).

여인을 부활의 첫 증인으로 파송하심

예수님께서는 부활의 첫 증인으로 여성이었던 막달라 마리아를 선택하셨습니다(요 20:16). 기독교의 핵심은 예수님의 십자가와 부활입니다. 그런데 부활의 첫 증인이 여성입니다. 수제자였던 베드로와 요한이 무덤까지 왔었지만 예수님께서는 그들이 아니라 여인인 막달라 마리아에게 부활하신 자신의 모습을 처음으로 보이셨습니다.

이것이 왜 주목할 만한 일이냐 하면 당시 여성에게는 증인이 될 자격이 없었기 때문입니다. 여성은 신뢰할 수 없는 존재라고 하여 여성의 증언은 재판정에서 유죄의 증거로 채택될 수 없었습니다. 전문용어로 표현하자면 여성의 증언은 증거능력(證據能力)이 없었습니다. 그렇기 때문에 기독교의 핵심인 부활의 첫 증인이 남자가 아니라 여성이라는 사실은 당시 사회에서 복음전파에 결코 도움이 될 것이 없는 일이었습니다.

하지만 예수님께서는 베드로와 요한이 아니라 막달라 마리아에게 부활하신 자신의 모습을 처음으로 보이셨습니다. 여성을 높여주신 것입니다. 성경은 남자와 여자가 모두 하나님의 형상으로 창조되었다고 말씀합니다. "하나님이 자기 형상 곧 하나님의 형상대로 사람을 창조하시되 남자와 여자를 창조하시고"(창 1:27). 기독교의 복음이 들어가는 곳에서는 여성의 지위가 향상됩니다.

부활과 승천

예수님께서는 부활하신 후 사십 일 동안 자신의 몸을 여러 사람에게 보이셨습니다(행 1:3). 사도 바울은 고린도전서 15장 6절에서 "그 후에 오백여 형제에게 일시에 보이셨나니 그 중에 지금까지 대다수는 살아 있고 어떤 사람은 잠들었으며"라고 말합니다. 당시 바울의 서신들은 여러 교회에서 읽혀졌습니다. 이 부분을 읽을 때 사람들은 그 오백 명 중에서 우리 교회에는 누가 있는가 하고 찾아보았을 것입니다. 그러면 해당하는 사람이 손을 들고 자신의 이야기를 들려주었을 것입니다.

그런데 만약 아무리 교회들을 수소문해 보아도 바울이 말하는 부활의 증인을 찾을 수 없었다면 어떻게 되었겠습니까? 사람들은 사도 바울을 거짓말쟁이로 정죄했을 것이고 고린도전서는 휴지통에 버려졌을 것입니다. 그런데 고린도전서는 지금까지 우리에게 전해지고 있습니다. 부활의 증인들이 있었다는 증거입니다. 만약 부활이 사실이 아니었다면 사도 바울은 이런 메시지를 자신의 편지 속에 기록하지 못했을 것입니다. 학자들 중에는 이 부분이 원래 사도 바울의 저술이 아니고 나중에 첨가되었을 것이라고 추측하는 사람들도 있습니다. 하지만 그들의 말을 뒷받침해 줄 사본상의 증거가 없습니다. 예수님께서는 40일이 지난 후 제자들이 보는 앞에서 하늘로 승천하셨습니다(행 1:9).

공생애 기간의 계산

우리는 예수님의 공생애 기간이 3년이었다는 말을 자주 듣습니다. 이제 그것이 어떻게 해서 3년이 되는지를 설명해 드리겠습니다. 공관복음(마태복음, 마가복음, 누가복음을 합해서 부르는 명칭)을 사용하여 설명하는 방법과 요한복음을 사용하여 설명하는 방법이 있는데 후자가 더 간단합니다.

① 요 2:13 "유대인의 유월절이 가까운지라 예수께서 예루살렘으로 올라가셨더니"

예수님의 공적인 사역은 유월절 즈음에 시작되었습니다. 유월절은 유대인의 달력으로 아빕월(=니산월) 15–21일입니다. 양력으로는 3, 4월경입니다.

② 요 4:35 "너희가 넉 달이 지나야 추수할 때가 이르겠다 하지 아니하느냐 내가 너희에게 이르노니 눈을 들어 밭을 보라 희어져 추수하게 되었도다"

예수님께서 사마리아 수가성을 통해 북쪽 갈릴리를 향해 가실 때의 장면입니다. 수가성 여인이 마을 사람들을 전도해서 데리고 나오는 것을 보시며 이 말씀을 하셨습니다. 여기서 "눈을 들어 밭을 보라 희어져 추수하게 되었도다"라는 것은 상징적인 말씀입니다. 예수님께서는 추수를 전도의 의미로 사용하셨습니다. "이에 제자들에게 이르시되 추수할 것은 많되 일꾼이 적으니"(마 9:37). 그러므로 "눈을 들어 밭을 보라 희어져 추수하게 되었도다"라는 말씀은 이제 저기 오는 마을 사람들을 전도해야 할 것이라는 뜻입니다.

시기에 관한 실제적인 말씀은 "너희가 넉 달이 지나야 추수할 때가 이르겠다 하지 아니하느냐"입니다. 이스라엘 지역의 밀, 보리 추수는 양력으로 5월경에 이루어집니다. 그러므로 요한복음 4장의 배경은 1월입니다.

③ 요 5:1 "그 후에 유대인의 명절이 있어 예수께서 예루살렘에 올라가시니라" 요 6:4 "마침 유대인의 명절인 유월절이 가까운지라"

앞에서 살펴본 요한복음 4장 35절의 시기는 1월입니다. 그런데 요한복음 6장 4절에서는 유월절이 가까웠다고 합니다. 그 사이에 요한복음 5장 1절이 있는데 유대인의 큰 명절이 되어 예수님께서 예루살렘에 올라가셔야 했다고 나옵니다. 예루살렘에 올라가야 하는 큰 명절이란 출애굽기에 등장하는 3대 명절을 말합니다: 유월절, 오순절, 초막절. 그 중에서 제일 먼저 오는 것이 유월절이고 양력으로는 3, 4월경입니다.

그런데 유대인들의 달력으로 1월과 3, 4월 사이에는 명절이 없습니다. 예루살렘으로 올라가야 하는 큰 명절뿐만 아니라 작은 명절도 없습니다.

4장의 배경은 1월이고 6장의 배경은 3, 4월인데 5장에서는 예루살렘에 올라가야 할 큰 명절이 있었다고 합니다. 이 문제를 해결할 유일한 방법은 요한복음 4장과 6장이 같은 해가 아니라고 보는 겁니다. 그 사이에 적어도 1년의 기간이 존재한다고 보는 것입니다. 그렇다면 5장에서 언급하고 있는 유대인의 명절은 유월절, 오순절, 초막절 중 그 어떤 것이든 될 수 있습니다. 그런데 요한복음에서 유월절은 유월절이라고 언급을 합니다. 그러므로 본문의 명절은 유월절은 아닌 것 같습니다. 그 명절이 어떤 것이든 요한복음 4장과 6장의 기간 사이에는 성경에 언급되지 않은 유월절이 하나 존재하게 됩니다.

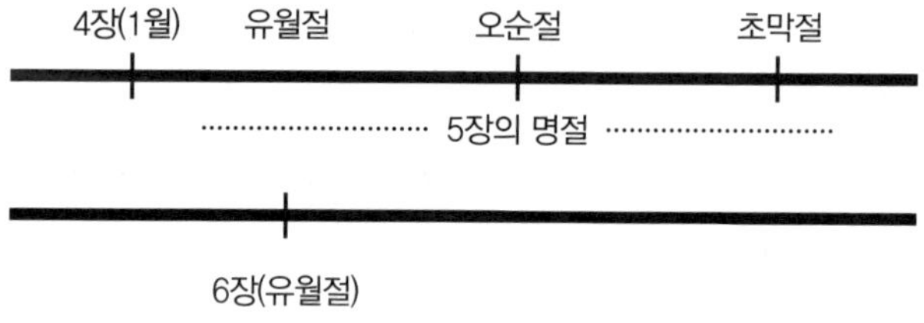

유명한 신학자인 루돌프 불트만(R. Bultmann)은 이런 식으로 문제를 해결하는 대신 5장과 6장이 뒤바뀌었을 것이라고

주장합니다. 누군가가 요한복음 사본을 바닥에 떨어뜨렸다가 다시 주워서 분류하는 과정에서 오류가 생겼다는 겁니다. 그래서 원래의 순서는 4장(1월), 6장(3, 4월의 유월절), 5장(유대인의 절기)이었다고 합니다. 하지만 그렇게 주장하기 위해서는 4장, 6장, 5장의 순서로 된 요한복음 사본이 있어야 하는데 그런 것은 없습니다. 그러므로 그것은 그냥 불트만의 개인적인 추측일 뿐입니다(R. Bultmann, *Das Evangelium des Johannes* [Göttingen, 1950], 149–213).

④ 요 11:55 "유대인의 유월절이 가까우매 많은 사람이 자기를 성결케 하기 위하여 유월절 전에 시골서 예루살렘으로 올라갔더니"

이 유월절 기간 동안에, 정확하게는 아빕월 15일 오후 3시경에 예수님이 돌아가셨습니다.

이제 예수님의 공생애 기간에 유월절이 몇 개나 등장하는지 세어보기로 합니다. 요한복음 2장, 6장, 11장에는 명시적으로 유월절이 등장합니다. 2장에 등장하는 유월절 즈음에 사역을 시작하셔서 11장에 등장하는 유월절 기간 중에 십자가에 달리셨습니다. 그런데 4장과 6장 사이에 요한복음에 언급되지 않은 유월절이 하나 더 있습니다. 따라서 예수님의 공생애 기간 동안에는 모두 4개의 유월절이 존재합니다. 그러므로 예수님의 공생애는 만 3년입니다.

사복음서에 기록된 예수님의 사역

위에서 예수님의 지상 생애를 개략적으로 살펴보았습니다. 그런데 네 개의 복음서는 그 내용을 모두 골고루 소개하고 있지 않습니다. 각 복음서는 각자의 필요에 따라 다음과 같은 내용들을 포함하고 있습니다.

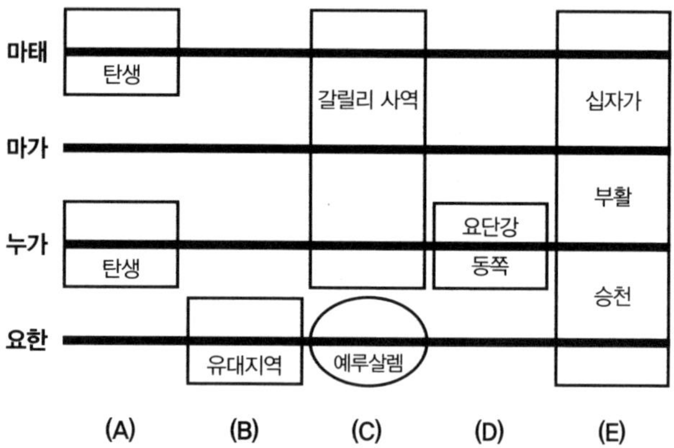

(A) 예수님의 탄생 이야기는 마태복음과 누가복음에만 등장합니다.

(B) 공생애 처음에 남쪽 유대를 중심으로 10개월 정도 사역하셨던 것은 요한복음에만 등장합니다.

(C) 예수님께서는 세례 요한이 죽은 후 북쪽 갈릴리로 올라

가셔서 그곳을 중심으로 사역하셨는데 그 때의 사역은 공관복음 즉 마태복음, 마가복음, 누가복음 모두에 잘 기록되어 있습니다. 그런데 갈릴리 사역 기간에도 예수님께서는 최소한 일 년에 세 번씩은 예루살렘에 오셨습니다. 삼대 절기 때 예루살렘에서 예배를 드리기 위해서였습니다. 그 때의 모습은 요한복음이 설명해 주고 있습니다.

(D) 마지막에 십자가에 못 박히시기 위해 요단강 동쪽 지역을 통과하여 천천히 남쪽 유대로 내려오셨는데 그 여행은 누가복음이 자세히 기록해 주고 있습니다.

(E) 예수님의 십자가와 부활, 승천은 네 개의 복음서 모두가 기록하고 있습니다.

(A) 예수님의 탄생

예수님의 탄생 이야기는 마태복음과 누가복음에만 등장합니다. 그런데 성경학자들 중에서는 하나님을 믿는 믿음이 없이 그저 성경을 고대 문헌들 중 하나로 취급하며 연구하는 사람들이 있습니다. 성경을 호메로스의 오딧세이나 어떤 고대 문명의 점토판 문서처럼 취급하는 겁니다. 그들은 예수님의 탄생 이야기가 예수님에 대한 이야기들 중 제일 나중에 생긴 이야기라고 말합니다. 우리는 탄생 이야기가 제일 첫 이야기이지 어떻게 제일 마지막 이야기일 수 있느냐고 말하는데 그들의 주장은 다음과 같습니다.

〈우리와 생각이 다른 이들의 주장〉 그들에 따르자면 예수님은 그냥 평범하게 태어나셨다는 겁니다. 가브리엘이 마리아에게 나타난 일도 없었고 천군천사가 목자들에게 나타난 일도 없었다는 겁니다. 그런데 교회가 점점 부흥하게 되자 다른 종교들과 경쟁이 발생하게 되었습니다. 사람들은 교회의 주장과 다른 종교의 주장 사이에서 결정을 못 내리고 머뭇거리게 됩니다. 그런데 다른 종교들의 경우 그 종교의 창시자가 태어날 때부터 남달랐다고 하는 신기한 이야기들이 있습니다. 종교의 창시자는 아니지만 신라의 시조 박혁거세는 알에서 태어났고 불교의 창시자인 고타마 싯다르타는 태어나자마자 사방으로 일곱 걸음씩을 걸었다고 합니다. 이런 식으로 당시 기독교와 경쟁하던 다른 종교의 창시자들은 탄생에 따른 기적 이야기들이 있었다고 합니다.

사람들이 그런 이야기에 관심을 갖게 되자 초대교회 사람들은 위기의식을 느끼게 되었다고 합니다. 그래서 예수님에 대한 탄생 이야기들을 창작해 내기로 했다고 합니다. 그래서 사람들이 좋아하는 천사 등을 동원하여 역사에는 없던 탄생 이야기를 만들어냈는데 그것이 지금 우리가 마태복음과 누가복음에서 보는 탄생 이야기라고 합니다.

하나님의 존재하심과 무한한 능력을 믿는 우리는 당연히

그들의 이야기는 거짓이고 성경의 이야기들은 모두 역사적 사실이라고 주장합니다. 그러면 그쪽 학자들이 우리의 말에 대해 반박하는데 그 때 내세웠던 증거들 중 하나가 바로 위의 표입니다.

그들에 따르자면 만약 예수님의 탄생 이야기가 나중에 만들어진 허구가 아니라 역사적 사실이라면 그것이 네 개의 복음서 모두에 실려 있든지 아니면 모두에 실려 있지 않던지 해야 한다는 것입니다. 탄생 이야기가 두 개의 복음서에는 실려 있고 나머지에는 없는 것은 다음과 같은 이유 때문이라고 합니다. 즉 탄생 이야기가 나중에 허구적으로 만들어졌을 때 그것을 알았던 사람들은 자신들의 복음서에 그 이야기를 실었는데 그것을 미처 알지 못했던 사람들은 자신들의 복음서에 그 이야기를 싣지 못했다는 것입니다. 그래서 결과적으로 지금과 같은 모습을 보이게 되었다는 것입니다.

〈우리의 반론〉 여기에 대한 반론은 의외로 무척 쉽습니다. 네 개의 복음서들 중에서 자타가 공인하는 가장 늦게 기록된 복음서는 요한복음입니다. 여기에 대해서는 보수적인 학자이든 자유주의 학자이든 반대가 없습니다. 그런데 요한복음에 예수님의 탄생 이야기가 없습니다. 만약 예수님의 탄생 이야기가 제일 마지막에 생긴 것이고 그래서 그것을 전해들은 사람들은 자기 복음서에 그것을 포함시키고 그렇지 못한 사람들은 포함시키지 못한 것이라면, 다른 복음서에는 없어도 요한복음에는 탄생 이야기가 꼭 있어야 합니다. 그런데 요한복음에는 탄생 이야기가 없습니다. 그들의 가설은 틀린 것입니다.

그러면 저쪽의 학자들은 우리들에게 '그렇다면 당신들은 두 개의 복음서에만 탄생 이야기가 있는 것을 어떻게 설명할 거냐'고 묻습니다. 그런데 조금 당황스러운 게 뭐냐 하면 우리들은 그게 하나도 안 궁금하다는 겁니다. 우리는 "모든 성경은 하나님의 감동으로 된 것으로"라는 디모데후서 3장 16절의 말씀을 그대로 믿는 사람들입니다. 그러니까 '마태복음에는 왜 탄생 이야기가 적혀 있을까요?'라고 물으면 '마태복음을 기록할 때 하나님께서 탄생 이야기를 기록하도록 감동을 주셨으니까 적혀 있는 거지요'라고 대답하고, '마가복음에는 왜 탄생 이야기가 없을까요?'라고 물으면 '그 때는 하나님께서 그런 감동을 안 주신 것이지요'라고 대답하면 그만입니다. 우리는 성경의 궁극적 저자가 성령 하나님이심을 믿습니다. 그렇기 때문에 탄생 이야기가 왜 두 군데에만 있는가 하는 것은 우리에게는 별로 궁금한 문제가 아닙니다. 그래도 자꾸 사람들이 물어보면 우리는 다음과 같이 대답을 합니다.

(A) 마태복음과 예수님의 탄생

〈메시야의 두 가지 조건〉 마태복음이 기록될 때 처음 염두에 두었던 독자는 유대인이었습니다. 유대인들이 예수님을 메시야로 받아들이고 구원을 받도록 하기 위해 마태복음을 기록한 것입니다. 그런데 유대인들에게 예수님이 메시야라는 사실을 증명하기 위해서는 우선 족보를 밝혀야 합니다. 예수님이 메시야이시기 위해서는 두 가지 조건을 충족시켜야 하는데 그것은 예수님이 유대인이고 다윗 왕손이어야 한다는 것입니다.

〈유대인〉 하나님께서는 아브라함을 부르실 때 "땅의 모든 족속이 너로 말미암아 복을 얻을 것이라"(창 12:3)라고 하셨습니다. 그러므로 땅의 모든 족속을 구원하실 메시야는 아브라함의 자손 중에서 즉 유대인 중에서 나와야 합니다. 예수님이 만약 한국 사람이나 미국 사람이라면 메시야의 자격이 없습니다. 아브라함의 자손이 아니기 때문입니다.

〈다윗의 자손〉 메시야는 또한 다윗의 자손이어야 합니다. 하나님께서는 다윗이 왕이 되었을 때 선지자 나단을 보내셔서 "네 집과 네 나라가 내 앞에서 영원히 보전되고 네 왕위가 영원히 견고하리라"(삼하 7:16)라고 축복해 주셨습니다. 그러므로 영원한 왕 즉 메시야는 다윗의 혈통에서 나와야 합니다. 유대인이라도 그가 만약 다윗의 혈통이 아니라 베냐민 지파나 르우벤 지파라면 메시야 자격이 없습니다.

그렇기 때문에 마태복음은 "아브라함과 다윗의 자손 예수 그리스도의 계보라"(마 1:1)라는 말씀으로 시작됩니다. 예수님은 아브라함의 자손이기 때문에 유대인이고, 다윗의 자손이기 때문에 적법한 왕손입니다. 하지만 여기서 어떤 유대인들은 증명을 요구할지 모릅니다. 그래서 마태복음은 친절하게 족보를 제시하고 있습니다. 유대인들은 대개 족보를 간직하고 있었을 것입니다. 따라서 예수님과 족보가 비슷한 사람들은 마태복음을 보며 쉽게 그 진위를 가릴 수 있었을 것입니다.

그런데 그 족보가 어떻게 끝납니까? "야곱은 마리아의 남편 요셉을 낳았으니 마리아에게서 그리스도라 칭하는 예수가 나시니라"(마 1:16)라는 말씀으로 끝납니다. 아기 예수님이 탄생하신 것입니다. 그런데 그 다음 절에서 갑자기 성장하신 예수님이 나타나셔서 "회개하라 천국이 가까이 왔느니라"라고 외치신다면 상당히 어색할 것입니다. 아기 예수님의 탄생에 대해 말했으니 그 예수님이 아기 시절에 겪으신 일들에 대해 조금 이야기를 하고 예수님의 공생애로 넘어가는 것이 줄거리 전개상 훨씬 더 자연스럽습니다.

이야기 전개상의 자연스러움 말고도 마태복음에서 예수님의 어린 시절을 언급하는 이유는 또 있습니다. 마태복음의 일차적 목적은 유대인들에게 예수님이 메시야이심을 증명하는 것입니다. 구약의 메시야 예언들이 예수님에 의해 이루어졌음을 증명해야 합니다. 그래서 마태복음에는 "이는 선지자 ...를 통하여 하신 말씀을 이루려 하심이니"(마 1:22; 2:5; 2:15; 2:17; 2:23; 3:3; 4:14; 8:17; 12:17; 13:35; 21:4; 26:56; 27:9)와 같은 형식의 말씀이 13차례나 등장합니다.

그런데 예수님의 탄생과 어린 시절 이야기 중에서 구약 예언의 성취가 있습니다. 먼저 예수님의 탄생에 대한 예언이 그러합니다. 요셉이 꿈에 예수님의 탄생 이야기를 듣는 장면을 설명한 후 성경은 "이 모든 일이 된 것은 주께서 선지자로 하신 말씀을 이루려 하심이니 이르시되 보라 처녀가 잉태하여 아들을 낳을 것이요 그의 이름은 임마누엘이라 하리라 하셨으니 ... "(마 1:22-23)라고 말씀합니다.

또 요셉과 마리아가 아기 예수님을 모시고 이집트로 피신한 일을 설명한 후 성경은 "헤롯이 죽기까지 거기 있었으니 이는 주께서 선지자를 통하여 말씀하신 바 애굽으로부터 내 아들을 불렀다 함을 이루려 하심이라"(마 2:15)라고 말씀합니다. 그리고 헤롯이 베들레헴의 아기들을 죽인 사건을 설명한 후에도 그것이 예레미야의 예언의 실현임을 설명합니다. "선지자 예레미야를 통하여 말씀하신 바 라마에서 슬퍼하며 크게 통곡하는 소리가 들리니 라헬이 그 자식을 위하여 애곡하는 것이라"(마 2:17-18).

탄생 이야기를 언급하면 이런 중요한 구약 예언들의 성취를 설명할 수 있는데 그 기회를 그냥 포기할 이유가 없습니다. 그렇기 때문에 마태복음에는 예수님의 탄생 이야기가 등장하는 것입니다

(A) 마가복음과 예수님의 탄생

마가복음에는 예수님의 탄생 이야기가 등장하지 않습니다. 마가복음의 별명은 '베드로의 설교집'입니다. 마가는 베드로를 따라다니며 극진히 섬겼던 사람입니다. 베드로는 그를 '내 아들'이라고 부릅니다. "택하심을 함께 받은 바벨론에 있는 교회가 너희에게 문안하고 내 아들 마가도 그리하느니라"(벧전 5:13). 베드로와 마가가 어느 날 로마에 가서 전도를 했습니다. 그들은 로마 군인들, 그중에서도 말을 타는 로마 기병대에게 전도를 했다고 합니다.

고대 로마에서 기병대는 일반 보병보다 교육 수준이 높았습니다. 왜냐하면 기병대는 자기가 탈 말과 함께 입대를 했기 때문입니다. 그런데 어릴 때부터 말을 소유할 수 있던 사람들은 부자나 귀족밖에 없었습니다.

〈등자〉 군대에 입대하여 말 타기를 배워도 되지 않았느냐고 물으실 수 있습니다. 그런데 조금 희한한 사실이 있습니다.

요즘 말을 탈 때는 말 등에 안장이 있고 신발을 신은 두 발을 끼워 넣는 '등자'(鐙子)라는 것이 있습니다. 우리는 이 등자의 존재를 아주 당연한 것으로 생각하는데 로마와 유럽에서는 무려 주후 10세기에 이르기까지 이 등자가 없었습니다. 말을 타는 사람들은 불안한 자세로 올라타서는 오직 허벅지와 허리의 힘으로 말 위에서 균형을 유지해야 했습니다. 도대체 왜 그 간단한 등자를 아무도 생각해내지 못했는지는 수수께끼입니다만 하여튼 유럽에서는 그랬습니다. 그렇기 때문에 말을 타기 위해서는 어릴 때부터 훈련을 해오지 않으면 안 되었습니다. 말을 탔던 사람과 말을 타보지 못한 사람은 인체의 근육 구조 자체가 달랐습니다. 그래서 기병대는 자연히 어릴 때부터 말을 탔던 수준 높은 집안의 사람들로만 구성되어 있었습니다.

기병대는 보병에 비해 일반적으로 교육수준도 높았습니다. 베드로가 그들에게 복음을 전한 후 떠나려고 하자 그들이 베드로를 붙들고 부탁을 했다고 합니다. 자신들은 베드로가 떠나고 나면 들었던 내용을 곧 잊게 될지도 모르니 그 내용들을 글로 적어서 남겨 달라는 것이었습니다. 베드로는 그 부탁을 좋아하지 않았다고 합니다. 다른 곳에 가서 어서 전도를 해야 하는데 길을 막는 것이기 때문입니다. 그러나 그들의 말이 타당성이 있었기 때문에 동역자 마가로 하여금 평소에 베드로가 했던 설교 내용을 책으로 기록하게 했다고 합니다.

〈마가복음의 탄생〉 그래서 마가는 자신이 지금까지 계속 반복해서 들었던 베드로의 설교말씀을 예수님의 사역 순서에 따라 책으로 기록했습니다. 이것이 마가복음입니다. 마가는 예수님의 수제자이자 사도이신 베드로의 말씀에 감히 무엇을 덧붙이거나 뺄 생각을 하지 못했습니다. 그래서 마가복음은 마가의 기록이기는 하지만 베드로의 설교집이라고 불립니다. 마가는 베드로의 말을 그대로 적었습니다. 그런데 그것은 베드로도 마찬가지입니다. 베드로는 하나님의 아들이시자 자신의 주님이신 예수님의 언행을 가감 없이 그대로 전했습니다.

그런데 예수님의 메시지의 중심은 하나님의 나라였습니다. 예수님께서는 자신의 탄생에 대해 이야기를 하신 적이 없습니다. 예수님의 탄생 이야기는 아무리 겸손하게 사실 자체만을 전한다 해도 엄청난 자기자랑이 됩니다. '당신들 중에 잉태될 때 천사가 그것을 알려주었던 사람이 있는가? 나는 가브리엘이 직접 나의 잉태에 대해 전해 주었다. 당신들 중에 태어날 때 천사가 나타났던 사람이 있는가? 나는 태어날 때 천군천사가 하늘에서 모두 내려왔었다. 당신들 중에 태어났을 때 고명하신 동방의 박사들이 와서 절을 한 사람이 있는가? 나는 그분들이 찾아와서 아기인 나에게 절을 하고 예물까지 바치고 갔었다.' 이건 뭐 아무리 객관적 사실만 이야기해도 엄청난 자기자랑입니다.

예수님께서는 그렇기 때문에 자신의 탄생에 대해서는 한 마디도 하지 않으셨습니다. 예수님께서 탄생에 대해 말씀하지 않으셨기 때문에 베드로도 거기에 대해서는 한 마디도 하지 않았습니다. 그렇기 때문에 베드로의 설교를 그대로 기록한 마가복음에는 예수님의 탄생에 대한 언급이 전혀 없는 것입니다.

(A) 요한복음과 예수님의 탄생

이것은 요한복음에도 그대로 적용됩니다. 요한복음은 제일 나중에 기록된 복음서입니다. 다른 복음서들은 주후 50–70년대에 앞서거니 뒤서거니 하면서 기록되었는데 요한복음은 주후 85–95년 사이에 기록된 것으로 알려져 있습니다. 제일 나중에 기록되었기 때문에 복음서들 중 신학적으로는 가장 발달된 책으로 꼽힙니다. 예수님이 단지 인간이 아니라 하나님이심을 가장 분명하게 보여주고 있다는 뜻입니다. 그러나 요한복음도 그 근본은 제자 요한이 예수님의 언행을 바탕으로 하여 기록한 책입니다. 그렇기 때문에 요한복음에도 탄생에 대한 언급은 나올 일이 없습니다. 예수님께서 탄생에 대해 언급을 하지 않으셨기 때문입니다.

(A) 누가복음과 예수님의 탄생

누가복음에는 예수님의 탄생 이야기가 등장합니다. 누가는 의사로서 사도 바울을 따라다니며 도왔던 사람입니다. 그런데 사도 바울은 다른 사도들과 차이가 있습니다. 다른 사도들은 사람들에게 설교를 할 때 예수님께서 하신 말씀과 사역을 이야기해 주었던 반면 사도 바울은 성경의 대가였기 때문에 예수님이 왜 구약이 예언하고 있는 메시야이신지를 증명해 주는 일을 했습니다.

바울은 예수님의 공생애를 직접 경험한 사람이 아니었습니다. 그래서 누가가 바울에게 '사도님, 예수님께서 백부장의 종을 어떻게 치료해 주셨나요?'라고 물으면 '글쎄올시다. 나도 잘 모르겠습니다. 다음에 예루살렘에 가면 다른 사도님들께 여쭤보도록 합시다'라고 대답할 수밖에 없었습니다.

그런데 당시 예수님에 대해 여러 가지 이야기들이 퍼지고 있었습니다. 그 중에서는 역사적 사실도 있었지만 사람들이 만들어낸 가짜 이야기들도 있었습니다. 이를테면 예수님이 어린 아이 시절에 찰흙으로 새를 만든 후 그것을 손 위에 놓고 숨을 후 하고 불자 그것이 진짜 새가 되어 날아갔다는 이야기 등입니다. 지금은 그 이야기는 사실이 아니라는 것을 알고 있지만 당시 사람들의 입장에서는 무엇이 역사적 사실이고 무엇이 허구인지를 구별해낼 방법이 없었습니다. 다른 사람들은 그것들을 분별하는 일에 별로 큰 관심이 없었지만 누가는 성격상 그것을 꼭 분별해 내야 했습니다. 아마도 직업이 의사였기 때문에 성격이 더 치밀했는지도 모릅니다.

〈두 가지 장애요소들〉 역사적 사실과 그렇지 않은 것을 구분하기 위해서는 직접 증인들을 찾아가서 그들의 이야기를 들어 보는 수밖에 없습니다. 그런데 누가가 그렇게 하는 것을 가로막는 두 가지 장애요소가 있었습니다. 그것은 시간과 돈이었습니다. 예수님이 다니셨던 곳들을 돌아다니며 현장 조사를 하려면 여행비와 시간이 필요합니다. 하지만 사도 바울을 따라다니며 돕고 있는 누가에게는 시간이 없었습니다. 의사로서 약간의 돈은 벌었겠지만 선교 사역을 하며 다 써버렸습니다.

그러다가 시간이 생기게 되었습니다. 사도 바울이 체포된 것입니다. 그는 3차 전도여행을 마친 후 가이사랴에 2년 동안 갇혀 있었습니다. 학자들은 아마도 이 기간 동안 누가가 자료 수집 여행을 했을 것이라고 봅니다. 그러면 여행에 필요한 경비는 누가 조달했을까요? 누가복음 1장 3절과 사도행전 1장 1절에 그 힌트가 나옵니다.

〈데오빌로〉 거기 보면 데오빌로라는 사람이 등장합니다. "그 모든 일을 근원부터 자세히 미루어 살핀 나도 데오빌로 각하에게 차례대로 써 보내는 것이 좋은 줄 알았노니"(눅 1:3). "데오빌로여 내가 먼저 쓴 글에는 무릇 예수께서 행하시며 가르치시기를 시작하심부터"(행 1:1). 데오빌로는 높은 관직에 있는 사람이었습니다. 데오빌로 '각하'라는 호칭이 그것을 알려줍니다. 헬라어로 '크라티스토스'라는 이 명칭은 원래 총독급 이상에게만 붙이는 경칭이었다고 합니다. 조선 시대에 왕에게 '전하'라고 했듯이 말입니다. 물론 나중에는 그보다 하급 관리에게도 사용된 예가 있다고 합니다만 하여튼 데로빌로가 상당히 높은 직책의 관리였음에는 틀림이 없습니다.

데오빌로도 예수님을 믿었습니다. 그런데 이 사람에게도 누가와 같은 소원이 있었습니다. 예수님에 대한 이야기들 중 꾸며낸 이야기들 말고 역사적 사실들만을 수집하여 알고 싶다는 소원이었습니다. 그런데 이 사람은 누가와는 다른 방해요소들을 가지고 있었습니다. 그것은 고위직에 있었기 때문에 여행을 다닐 시간을 낼 수 없다는 것이었습니다. 아마도 나이도 꽤 많았을 것입니다. 하지만 돈은 넉넉하게 가지고 있었습니다.

두 사람이 어떻게 만나게 되었는지는 알 수 없습니다. 하여튼 하나님께서 두 사람을 만나게 해 주셨습니다. 그래서 누가는 데오빌로가 제공해 주는 여행경비를 받고 예수님의 사역지를 찾아다니며 역사적 사실들을 조사한 후 보고서를 올릴 것을 약속했습니다. 그 사역을 마친 후 예수님에 대한 역사적 사실들만을 모아 책으로 쓴 것이 바로 누가복음입니다. 누가는 곧 이어 사도행전도 기록했습니다. 그렇게 해서 누가복음과 사도행전에 데오빌로라는 사람의 이름이 등장하게 된 것입니다.

누가가 여행을 시작했을 때 누구부터 찾아갔겠습니까? 예수님에 대해 가장 잘 아는 사람이 누구일까요? 가족입니다. 그 중에서도 어머니인 마리아가 아직 살아있었습니다. 그래서 마리아를 찾아갔습니다. 누가는 마리아에게 예수님에 대한 이야기를 물었을 것입니다. 그러면 어머니인 마리아는 당연히 예수님의 탄생 이야기부터 들려주었을 것입니다. 그래서 누가복음에는 예수님의 탄생과 어린 시절의 이야기가 등장합니다.

(A) 마태복음과 누가복음에 실린 탄생 이야기의 차이

마태복음과 누가복음에 실린 탄생 이야기는 그 성격이 다릅니다. 마태복음에 실린 이야기들 중에는 공공연하게 알려진 이야기들이 있습니다. 반면 누가복음에 실린 탄생 이야기들은 마리아 개인의 입을 통하지 않고는 알 수가 없는 것들입니나.

〈마태복음의 탄생 이야기〉 마태복음에 어떤 이야기들이 나옵니까? 우선 동방박사들이 헤롯의 궁전으로 가서 예수님이 태어나신 곳을 묻는 장면이 나옵니다(마 2:2). 그러자 어떤 결과가 나타납니까? 그 말을 듣고 헤롯과 온 예루살렘이 소동했다고 합니다(마 2:3). 소문이 퍼졌다는 것입니다. 동방박사가 헤롯을 찾아갔던 이야기는 유명한 이야기였습니다.

또 어떤 이야기가 있습니까? 헤롯이 분노하여 베들레헴의 아기들을 다 죽였다는 이야기입니다(마 2:16). 마태가 복음서를 쓸 때까지 베들레헴과 그 인근 주민들 사이에서는 이 아기 학살사건이 계속 기억되고 있었을 것입니다.

〈누가복음의 탄생 이야기〉 반면에 누가복음에 등장하는 이야기들은 마리아의 개인적 기억에 의존하는 사건들이 대부분입니다. 누가복음 1장 26-38절은 천사 가브리엘이 마리아에게 예수님의 잉태를 알리는 장면입니다. 이 장면을 이렇게 생생하게 기억하는 사람은 마리아밖에 없었을 것입니다.

누가복음 1장 39-56절은 마리아가 친척 엘리사벳을 찾아가서 이야기를 나누는 장면입니다. 고대 유대사회에서 여인들의 방은 집 안쪽의 내실에 위치해 있었습니다. 엘리사벳과 마리아가 대화를 나누는 방에는 두 사람 외에는 없었습니다. 그 둘의 대화를 기억할 사람은 마리아 자신밖에 없습니다.

〈마리아의 찬송시〉 그리고 그 대화중에 마리아의 찬송시가 등장합니다(눅 1:46-55). 이 시는 그 때 영감을 얻어 마리아가 기록을 했고 그것을 개인적으로 간직하고 있었을 것입니다. 그런데 예수님에 대한 역사적 사실을 얻고자 했던 누가가 찾아와서 자료를 구하자 마리아는 그것을 보여주었을 것입니다. 누가는 그것을 베낄 수 있는지 물었을 것이고 마리아는 그것을 흔쾌히 허락했을 것입니다. 그렇게 해서 마리아의 찬가가 누가복음에 실리게 된 것입니다.

〈목자들의 이야기〉 우리가 잘 아는 목자들의 이야기도 마찬가지입니다(눅 2:8–20). 마을에서 조금 떨어진 들판에서 양을 지키던 목자들이 천사들의 소식을 듣고 아기 예수님께 경배하기 위해 마을로 들어옵니다. 이 사건은 요셉과 마리아 외에는 기억하는 사람이 없었을 것입니다. 마을 사람들 중에는 목자들이 우르르 몰려오는 소리를 듣고 잠이 깼던 자들도 있었겠지만 '목자들이 추워서 담요를 가지러 왔나 보군' 혹은 '우물에 물을 길러 왔나 보군' 하고 생각하고는 다시 잠이 들었을 것입니다. 목자들 사건은 오직 요셉과 마리아만 기억하고 있었을 것입니다. 그런데 요셉은 일찍 죽었고 마리아만 살아서 그 이야기를 누가에게 전해주고 있는 것입니다.

〈시므온과 안나〉 또 아기 예수님의 정결예식을 위해 성전을 찾아갔을 때 시므온과(눅 2:25–35) 선지자 안나(눅 2:36–38)를 만난 이야기도 마리아만 기억하고 있었을 이야기입니다. 예수님이 열두 살이셨을 때 성전에 갔다가 랍비들과 대화를 나누느라 가족들과 떨어져 있게 된 이야기도 마찬가지입니다

(눅 2:41-50). 누가복음에 등장하는 예수님의 탄생 이야기와 어린 시절 이야기들은 마리아와 가족을 통하지 않고는 알 수 없는 이야기들이 대부분입니다.

이렇게 해서 네 개의 복음서들 중 왜 두 개에는 예수님의 탄생 이야기가 있고 두 개에는 없는지를 살펴보았습니다. 아울러 네 복음서들의 개략적인 특징도 살펴보았습니다.

(B) 유대 지역에서의 사역: 요한복음

예수님의 공적 사역은 유대 지역에서 시작되었습니다. 이 이야기는 요한복음에만 실려 있습니다. 유대 지역에서의 사역은 유월절 즈음에 시작됩니다(요 2:13). 그리고 세례 요한이 죽은 후 사마리아 수가성을 통과하여 갈릴리로 올라가심을 통해 끝납니다(요 4:45).

첫 유대 사역에 대한 이야기가 공관복음(마태, 마가, 누가복음)에 없는 이유는 예수님의 갈릴리 사역이 보다 더 본격적이고 스케일이 큰 사역이었기 때문이었을 것입니다. 유대에서 사역하실 때는 세례 요한이 아직 살아 있었습니다. 그렇기 때문에 사람들의 시선이 예수님과 세례 요한에게 분산되어 있었습니다. 더구나 예수님께서 세례 요한에게 세례를 받으셨기 때문에, 또 세례 요한이 연장자인데다가 회개 운동을 먼저 시작했기 때문에, 사람들 중에는 예수님보다 세례 요한을 더 중시하는 자들도 있는 상황이었습니다(참조, 행 18:25; 19:3).

하지만 이제 북쪽 갈릴리로 오셔서 사역을 하실 때는 경쟁자가 없습니다. 사람들은 예수님만을 바라봅니다. 마태, 마가, 누가복음을 기록할 때 그들은 우선 예수님이 행하신 강력하고 인상 깊은 사역들을 기록하고 싶었을 것입니다. 그렇기 때문에 유대 사역은 건너뛴 채 갈릴리에서의 2년 동안의 사역을 자세히 소개하고 있습니다.

요한복음은 제일 마지막에 기록된 책입니다. 그래서 가지게 된 특징이 있는데 그것이 무엇인가 하면 요한복음에는 다른 복음서에 있는 것은 없고, 없는 것은 있는 경우가 많다는 것입니다. 사도 요한이 나이가 많이 들었을 때 그의 제자들이 요한에게 복음서를 남겨줄 것을 요청합니다. 그렇게 해서 만들어진 책이 요한복음입니다.

그런데 요한이 보니 어떤 이야기들은 세 개의 복음서에 이미 다 기록이 되어 있습니다. 그런 것들은 또 반복해서 기록할 이유가 없습니다. 그래서 자신의 복음서 즉 요한복음에는 기록하지 않았습니다. 변화산 사건이나 예수님의 마지막 성만찬 등이 그런 예입니다. 그것들은 공관복음에는 세 책 모두에 등장하지만 요한복음에는 등장하지 않습니다.

반대로 사도 요한이 볼 때 매우 중요한 사건인데 공관복음에는 실리지 않은 것들이 있었습니다. 그러면 사도 요한은 요한복음에 그것을 기록했습니다. 이를테면 가나에서 물로 포도주를 만드신 사건(요 2:1–11), 사역 마지막 때가 아니라 초기에 행하셨던 성전 청결사건(요 2:13–22), 죽은 나사로를 살리신 사건(요 11:1–44) 등이 그것입니다. 그런 예는 요한복음에 많습니다.

지금 다루고 있는 유대 사역에 대한 설명도 그 중 하나입니다. 갈릴리 사역을 하시기 전에 유대 지역을 중심으로 분명히 사역을 하셨는데 세 복음서가 모두 이에 대해 언급을 하지 않고 있습니다. 그래서 사도 요한은 자신의 복음서에 그 때의 이야기들을 적어 넣은 것입니다.

(C) 갈릴리 사역: 공관복음

예수님께서는 세례 요한이 죽은 후 사마리아를 통해 갈릴리로 가셔서 그곳을 중심으로 약 2년 동안 사역하셨습니다. 때로는 두로와 시돈 지방 등에도 가셨지만(마 15:21; 막 7:24, 31) 주된 무대는 갈릴리였습니다. 갈릴리에서의 사역은 공관복음에만 등장합니다.

(C) 예루살렘: 요한복음

예수님께서 갈릴리를 주 무대로 하여 사역을 하시는 동안에도 주요 절기 때는 예루살렘에 내려오셨습니다. 성전 제사에 참여하시기 위해서입니다. 이때의 이야기는 요한복음에만 실려 있습니다. 요한복음에만 이 때의 이야기가 실려 있는 이유에는 두 가지가 있습니다.

첫째는, 우리가 앞서 살핀 것처럼 요한복음은 공관복음에 있는 것은 쓰지 않고 없는 것은 쓰려는 성격을 가지고 있기 때문입니다. 사도 요한이 요한복음을 기록할 때 갈릴리 사역에 대해서는 이미 공관복음이 자세히 설명하고 있다는 것을 알고 있었습니다. 하지만 예루살렘에서의 사역에 대해서는 언급이 없습니다. 그러니까 자연스럽게 요한복음은 갈릴리 사역은 제외하고 예루살렘 사역을 기록하고 있는 것입니다.

그런데 요한복음이 예루살렘 사역을 기록하고 있는 것에 대한 두 번째 설명이 있습니다. 첫 번째 설명을 배격하는 것이 아니라 거기에 덧붙이는 설명입니다. 요한복음이 기록될 당시 교회는 회당과 심각한 논쟁을 벌이고 있었습니다. 안식일, 출교 등이 그 주제가 되었습니다. 그 논쟁에 대해 사도 요한이 자신의 권위를 이용하여 답변을 할 수도 있었습니다. 그러나 가장 좋은 것은 그 주제들에 대해 예수님께서 하신 말씀을 인용하는 것입니다.

예수님께서도 랍비들과 논쟁을 하셨습니다. 그런데 갈릴리는 변방입니다. 거기에는 지도자급의 랍비들이 없었습니다. 반면 예루살렘은 중심지입니다. 모든 종교 지도자들이 거기에 다 있었습니다. 예수님께서는 예루살렘을 방문하셨을 때 그들과 논쟁을 하셨습니다. 그렇기 때문에 요한복음에는 예루살렘에서 발생한 사건들을 소개하고 있습니다. 요한복음 5장-9장에 등장하는 주요 주제들을 살펴보도록 하겠습니다.

〈5장: 안식일〉 예수님께서는 5장에서 38년 된 병자를 안식일에 치료하십니다. 그래서 안식일의 본질에 대한 설명이 등장합니다. 요한복음이 기록될 당시 기독교인들은 안식일 대신 예수님이 부활하신 안식 후 첫 날, 즉 주일을 지켰습니다. 회당의 랍비들은 교회가 안식일을 지키지 않는다고 시비를 걸었을 것이고 사도 요한은 예수님께서 하셨던 말씀을 인용하며 그들에게 답하고 있는 것입니다. 안식일에도 하나님의 일은 계속 진행되어야 합니다. 사람의 생명을 살리는 일은 안식일에도 계속되어야 하는 일입니다. "예수께서 그들에게 이르시되 내 아버지께서 이제까지 일하시니 나도 일한다 하시매"(요 5:17).

〈6장: 성만찬〉 6장에서는 생명의 떡에 대한 논쟁이 등장합니다. 요한복음이 기록될 무렵에 회당에서는 교회의 성만찬을 문제로 삼았을 것입니다. 구약에 없는 제도를 만들어 지키면서 떡과 포도주를 예수님의 살과 피라고 하며 먹고 마시고 있으니 이상하게 생각한 것입니다. 이에 대해 사도 요한은 예수님의 말씀을 인용하여 예수님이 참된 생명의 떡이라는 사실을 친절하게 설명해 주고 있습니다. "예수께서 이르시되 나는 생명의 떡이니 내게 오는 자는 결코 주리지 아니할 터이요 나를 믿는 자는 영원히 목마르지 아니하리라"(요 6:35).

〈7장: 안식일〉 7장에도 안식일에 대한 논쟁이 등장합니다. "모세의 율법을 범하지 아니하려고 사람이 안식일에도 할례를 받는 일이 있거든 내가 안식일에 사람의 전신을 건전하게 한 것으로 너희가 내게 노여워하느냐"(요 7:23). 사람을 치료하고 살리는 것은 안식일의 참된 정신에 부합되는 일입니다.

〈8장: 격렬한 논쟁〉 8장에서는 예수님과 유대인들 사이의 격렬한 논쟁이 소개됩니다. 예수님께서 유대인들에게 "너희는 너희 아비 마귀에게서 났으니"(요 8:44)라고 말씀하시는데 이런 정도의 극단적인 비판은 공관복음에는 없는 것입니다. 유대인들은 예수님을 귀신 들린 자로 몰아세웁니다(요 8:52). 그리고 8장에서의 논쟁은 유대인들이 예수님을 돌로 치려 하는 것으로 끝납니다(요 8:59). 이것은 요한복음이 기록될 당시의 분위기를 보여줍니다.

〈9장: 출교〉 9장에는 날 때부터 소경 된 자를 고치시는 장면이 나오는데 그 중간에 '출교'라는 단어가 등장합니다. "그 부모가 이렇게 말한 것은 이미 유대인들이 누구든지 예수를 그리스도로 시인하는 자는 출교하기로 결의하였으므로 그들을 무서워함이러라"(요 9:22). 출교는 공관복음에는 나오지 않고 요한복음에만 나오는 단어입니다.

요한복음이 기록될 당시에 예수님을 믿었던 유대인들은 회당에서 출교를 당했습니다. 평생 다녔던 회당에서 출교를 당하고 믿고 따랐던 랍비로부터 저주의 선포를 받았으니 그들은 불안했을 것입니다. 그들에게 사도 요한이 자신의 권위를 사용하여 위로를 할 수도 있습니다. 그러나 예수님의 권위를 사용한다면 더욱 좋을 것입니다. '출교는 우리가 처음 당한 것이 아닙니다. 이미 예수님 당시에도 예수님을 메시야로 고백했던 사람들은 출교를 당했습니다. 하지만 그들이 정말 하나님께 저주를 받았습니까? 아닙니다. 예수님께서 그런 자에게 친히 찾아가셔서 위로해 주시고 축복해 주셨습니다.' 이것이 사도 요한이 요한복음 9장을 통해 하고 싶었던 이야기였습니다.

(D) 요단강 동쪽 지역: 누가복음

갈릴리 사역을 마치신 예수님께서는 요단강 동쪽 지역, 그러니까 데가볼리와 베레아(Perea) 지역을 천천히 여행하시면서 예루살렘으로 오십니다. 마태복음과 마가복음은 이 여행에 대해 거의 언급하지 않습니다. 마태복음은 마치 예수께서 갈릴리에서 유대로 훌쩍 날아가신 것처럼 이야기하고 있습니다. "예수께서 이 말씀을 마치시고 갈릴리를 떠나 요단 강 건너 유대 지경에 이르시니"(마 19:1). 그것은 마가복음도 마찬가지입니다. "예수께서 거기서 떠나 유대 지경과 요단 강 건너편으로 가시니"(막 10:1).

하지만 누가복음은 9장 51절부터 14장 35절까지 여러 장에 걸쳐서 자세하게 이 여행을 언급합니다. 그 이유는 누가가 이방인이기 때문입니다. 요단강 동쪽 지역은 이방인 지역입니다. 유대인들은 이 지역에 대해 별로 관심이 없었지만 누가는 자기 자신이 이방인이었기 때문에 예수님께서 이 지역에서 어떤 사역을 하셨는지에 대해 관심이 많았습니다.

(E) 예수님의 죽음과 부활, 승천

예수님의 죽음과 부활, 승천에 대해서는 네 개의 복음서들이 모두 이야기를 하고 있습니다. 누구든지 죄가 있으면 천국에 가지 못합니다. 예수님은 우리의 죄를 용서해 주시기 위해 죽으셨습니다: "예수는 우리가 범죄한 것 때문에 내줌이 되고 ..."(롬 4:25상). 그리고 성부 하나님께서는 예수님의 십자가의 고난이 우리의 죄 용서를 위해 충분한 것이었다는 것을 증명하시기 위해 그분을 무덤에서 살리셨습니다: "또한 우리를 의롭다 하시기 위하여 살아나셨느니라"(롬 4:25하).

그런데 만약 예수님께서 다시 하늘로 올라가지 않으셨다

면 우리는 그분이 다시 오실 것을 확신할 수 없을 것입니다. 그래서 예수님은 승천하셨고, 그 순간 곁에 있던 천사를 통해 확실한 재림의 약속을 전해 주셨습니다. "[천사가] 이르되 갈릴리 사람들아 어찌하여 서서 하늘을 쳐다보느냐 너희 가운데서 하늘로 올려지신 이 예수는 하늘로 가심을 본 그대로 오시리라 하였느니라"(행 1:11). 기독교인들은 예수님을 믿음으로 십자가의 피로 죄 씻음을 받고, 부활과 재림의 소망 가운데서 살아가는 자들입니다.

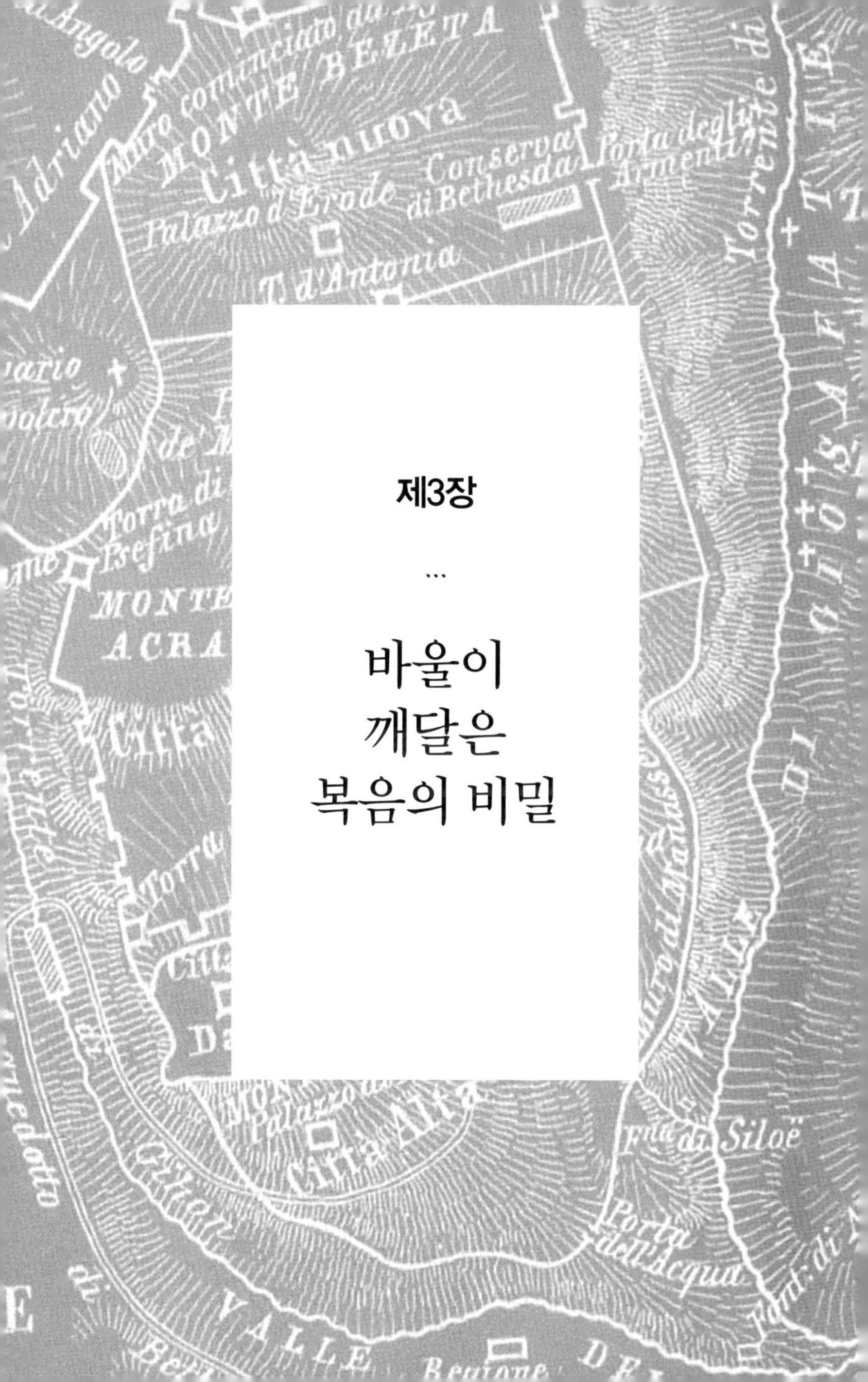

제3장

…

바울이 깨달은 복음의 비밀

03

바울이 깨달은 복음의 비밀

구약 성도들의 구원의 방법

우리는 예수님을 믿음으로 구원을 받습니다. 그런데 구약의 성도들은 어떻게 구원을 받았을까요? 아브라함, 모세, 다윗, 이사야, 이런 분들은 모두 구원을 받은 분들입니다. 이분들이 지옥에 갔을 거라고 생각하는 사람은 없을 겁니다. 그런데 예수님이 세상에 오시기 전에 사셨던 이분들은 도대체 어떻게 구원을 얻은 것일까요? 여기에 대해서는 논리적으로 세 가지 가능성밖에 없습니다.

율법을 완벽하게 잘 지켜서

첫째, 그들은 구약 시대의 사람들이었으니까 율법을 잘 지켜서 구원을 받았을 것이라는 생각입니다. 그런데 이것은 불가능합니다. 로마서 3장 20절은 분명히 "그러므로 율법의 행위로 그의 앞에 의롭다 하심을 얻을 육체가 없나니 율법으로는 죄를 깨달음이니라"고 말씀합니다. 천국에 가려면 완벽하게 죄가 없어야 하는데 평생 완벽하게 율법을 지킬 수 있는 사람은 아무도 없습니다. "누구든지 온 율법을 지키다가 그 하나를 범하면 모두 범한 자가 되나니"(약 2:10)라고 하셨습니다. 율법을 하나만 어겨도 율법을 다 어긴 건과 똑같다는 겁니다. '거의' 깨끗한 것으로는 천국에 못 갑니다. 완전해야 하는데 그럴 수 있는 사람은 아무도 없습니다.

십자가 없이도 그냥 하나님을 잘 믿어서

둘째, 구약의 성도들은 예수님의 십자가 없이도 그냥 하나님을 잘 믿기만 하면 그것으로 구원을 받을 수 있었다는 생각입니다. 이것은 어쨌든 율법이 아니라 믿음으로 구원을 받았다는 것이니까 그럴듯하게 들리지만 이것도 옳지 않습니다. 왜냐하면 만약 십자가 없이 하나님을 믿는 것만으로 인간이 천국에 갈 수 있다면 하나님께서 굳이 예수님을 세상에 보내실 이유가 없었기 때문입니다.

예수님을 세상에 보내시는 대신 구약식 믿음의 문호를 이방인들에게도 개방하시면 되었을 것입니다. '이제까지는 유대인들에게만 나를 믿는 믿음을 가르쳤는데 이제부터는 세상 모든 사람들에게 그 기회를 제공한다. 다들 유대인들처럼 나를 믿고 천국에 가거라'라고 하시면 되었을 것입니다.

세상 모든 사람들은 아담의 자손이고 하나님께서 한 혈통으로 만드신 자들인데(행 17:26) 그들 중 일부 즉 유대인들에 대해서는 예수님의 십자가의 피가 없이도 그들의 죄를 용서해 주시고 나머지 사람들에게 대해서는 예수님의 피가 있어야만 죄 용서가 된다는 것은 옳지 못한 생각입니다.

예수님의 십자가의 효력이 소급적용 되어서

셋째, 구약의 성도들도 예수님의 십자가의 은혜로 구원을 얻었다는 생각입니다. 즉 십자가의 은혜가 구약의 성도들에게 소급적용 되어 그들이 구원을 얻었다는 것입니다. 십자가의 은혜가 과거로 소급되어 적용된다는 생각이 좀 이상하게 느껴지실 것입니다. 하지만 이것은 우리가 목사님들께 늘 듣던 말씀입니다. 목사님께 '구약의 성도들은 어떻게 구원을 받았나요?'라고 여쭈어 보면 목사님들은 대개 "구약의 성도들은 '오실' 예수님을 믿어서 구원을 받았고, 신약의 성도들은 '오신' 예수님을 믿어서 구원을 받았습니다"라고 대답을 하십니다. 예, 이것이 정답입니다. 그런데 구약의 성도들이 '오실' 메시야를 믿어서 구원을 받았다는 것이 구체적으로 무슨 뜻일까요? 이제부터 그것을 설명하도록 하겠습니다.

정지조건부법률행위(停止條件附法律行爲): 민법 제147조

갑자기 이게 뭐지? 라고 생각하셨을 겁니다. 좀 어색해 보이지만 대한민국 민법 제147조 1항에 등장하는 '정지조건부법률행위'라는 것을 이해하는 것이 필요합니다. 내용은 이렇습니다. "제5절: 조건과 기한, 제147조 [조건성취의 효과] ① 정지조건 있는 법률행위는 조건이 성취한 때로부터 그 효력이 생긴다."

어려워 보이지만 내용은 간단합니다. 예를 들어 보겠습니다. 어떤 부자 아버지에게 머리 좋은 아들이 있는데 공부를 안 합니다. 그래서 아버지가 아들에게 '네가 제일 가지고 싶은 게 뭐냐?'라고 묻습니다. 그러자 아들은 '빨간색 스포츠카요'라고 대답합니다. 그래서 아버지와 아들은 계약을 맺습니다. 아버지는 아들이 꼭 어떤 대학에 가기를 원하는데, 아들이 열심히 공부를 해서 그 대학에 합격을 하면 원하는 스포츠카를 사주겠다는 것입니다. 이 내용을 자세히 글로 적고 둘이 모두 도장을 찍으면 그 계약은 그 때부터 유효합니다. 하지만 실제로 아버지가 아들에게 빨간 색 스포츠카를 사 주는 것은 언제입니까? 아들이 아버지가 원하는 그 대학에 합격했을 때입니다. 이 때 아들이 그 대학에 합격하는 것을 '정지조건'이라고 하고 이런 법률행위를 '정지조건'이 붙어 있는 법률행위라고 해서 '정지조건부법률행위'라고 부릅니다.

하나님께서 구약의 성도들을 구원해 주신 방법

정지조건부법률행위에 대해 왜 설명을 드렸냐 하면 구약시대에 하나님께서 백성들에게 율법을 주시면서 맺으셨던 계약이 일종의 정지조건부법률행위였기 때문입니다. 성경은 하나님께서 다음과 같은 과정들을 통해 구약의 성도들을 구원해 주신 것을 보여주고 있습니다.

율법을 구원의 방편으로 제시하심

하나님께서는 인간들에게 율법을 구원의 방편으로 제시하셨습니다. "너희는 내 규례와 법도를 지키라 사람이 이를 행하면 그로 말미암아 살리라 나는 여호와이니라"(레 18:5), "우리가 그 명령하신 대로 이 모든 명령을 우리 하나님 여호와 앞에서 삼가 지키면 그것이 곧 우리의 의로움이니라 할지니라"(신 6:25. 참조, 겔 20:11, 13, 21; 33:19). 이런 구절들은 율법을 잘 지키기만 하면 천국에 갈 수 있을 것 같은 느낌을 줍니다. 아마도 이것이 유대인들이 그토록 율법을 지키는 데 집착한 이유일 것입니다.

하지만 하나님께서 원하시는 것은 율법을 완전하게 지키는 것이었습니다. "... 이는 우리에게 이 율법의 '모든' 말씀을 행하게 하심이니라"(신 29:29). "... 너희는 돌이켜 너희 악한 길에서 떠나 나의 명령과 율례를 지키되 ... 너희에게 전한 '모든' 율법대로 행하라 하셨으나"(왕하 17:13. 참조, 신 31:12; 수 1:7; 23:6). 하나님이 원하시는 대로 율법을 지키려면 그 '모든' 율법을 완벽하게 지켜야 합니다.

완벽하지 못하게 지키는 것은 안 지키는 것과 마찬가지입니다. 그렇기 때문에 야고보는 "누구든지 온 율법을 지키다가 그 하나를 범하면 모두 범한 자가 되나니"(약 2:10)라고 말합니다. 율법으로 구원을 얻으려고 하는 자들은 자신들이 저주 아래 있다는 것을 발견하게 될 뿐입니다. "무릇 율법 행위에 속한 자들은 저주 아래에 있나니 기록된 바 누구든지 율법 책에 기록된 대로 모든 일을 항상 행하지 아니하는 자는 저주 아래에 있는 자라 하였음이라"(갈 3:10).

구약시대와 예수님 시대의 유대인들도 자신들이 율법을 완벽하게 지키지 못하고 있다는 사실을 알고 있었습니다. 로마서 7장 19절 이하에 등장하는 바울의 탄식은 율법을 완벽하게 지키려고 했던 유대인들의 정직한 고뇌를 보여줍니다. "내가 원하는 바 선은 행하지 아니하고 도리어 원하지 아니하는 바 악을 행하는도다"(롬 7:19). 모든 율법을 지키는 일은 불가능했습니다. 그럼에도 불구하고 유대인들은 자신에게 제시된 구원의 방편은 오직 율법밖에 없었기 때문에 율법에 집착하지 않을 수 없었습니다.

하나님께서도 율법의 완벽한 준수를 기대하지는 않으심

그러나 하나님께서는 정말로 인간들이 율법을 완전히 지킴으로 구원을 얻을 것을 기대하신 것은 아니었습니다. 타락한 인간들이 율법을 지킴을 통해 구원에 이르지 못할 것임을 하나님께서는 너무나 잘 알고 계셨습니다. 성경은 "그러므로 율법의 행위로 그의 앞에 의롭다 하심을 얻을 육체가 없나니 율법으로는 죄를 깨달음이니라"(롬 3:20)라고 말씀합니다. 율법은 우리가 스스로의 힘으로는 구원을 얻을 수 없는 죄인임을 깨닫게 하기 위해 주신 것이지 그것을 가지고 정말로 의롭다 함을 얻으라고 주신 것은 아니라는 것입니다.

하나님께서 '정지조건'을 마음에 두심

하나님께서는 구원의 방편으로 인간들에게 율법을 주실 때 '정지조건'을 마음에 두고 계셨습니다. 앞에서 아들이 열심히 공부를 해서 아버지가 원하는 대학에 합격을 하는 것이 정지조건이라고 했습니다. 지금 인간들이 율법을 완벽하게 준수해야 천국에 가게 되는데 그것은 불가능합니다. 그런데 하나님께서는 인간들에게 율법을 주실 때 계획을 가지고 계셨습니다. 그게 뭐냐 하면 언젠가 때가 되면 하나님이 자신의 아들을 세상에 보내서 하나님께서 지금 인간들에게 제시하시는 율법의 요구를 완벽하게 이루게 하시겠다는 것이었습니다.

훗날 하나님의 아들을 세상에 보내셔서 그가 율법의 요구를 완전하게 이루고, 율법이 규정한 속죄제사를 완성하게 되면 믿는 자들에게는 구원이 이루어질 것이라는 것입니다. 이것이 율법수여라는 법률행위에 부가된 '정지조건'이었습니다.

일반적인 '정지조건부법률행위'와 율법수여의 차이

그러나 일반적인 '정지조건부법률행위'와 하나님의 율법수여 사이에는 차이가 있었습니다. 우리 인간들 사이의 일반적인 법률행위의 경우에는 '정지조건'이 무엇인지가 분명하게 드러나지만 하나님이 계획하신 정지조건의 경우에는 그것이 드러나지 않는다는 것입니다. 하나님께서 '정지조건'이 겉으로 드러나지 않도록 하시면서 율법을 수여하신 이유는 크게 두 가지입니다.

〈인간들을 겸손하게 만드심〉 그 하나는 그렇게 해야 인간들은 율법 자체가 정말로 구원의 방편인 것으로 오해할 수 있었기 때문입니다. 이게 무슨 말이냐 하면, 하나님께서 율법을 처음 주셨을 때는 사람들은 자기들이 그것을 완벽하게 지켜서 구원을 얻을 수 있을 것으로 오해할 수 있었다는 것입니다. 하지만 결과는 어떻습니까? 지키려고 애쓰면 애쓸수록 자신들은 하나님이 원하시는 만큼 율법을 지킬 수 없는 존재라는 것이 드러납니다. 그래서 절망하게 됩니다. 그렇게 되어야 겸손하게 예수님의 복음을 받아들일 준비가 됩니다.

만약 이런 절망의 과정이 없이 곧바로 예수님의 복음을 전해 주었다면 인간들은 교만하여 '이렇게까지 하지 않으셔도 우리 힘으로 구원을 얻을 수 있었을 텐데요'라고 말했을 것입니다. 하지만 이제는 그것이 불가능합니다. 율법을 완벽하게 지키려고 온갖 노력을 다 해 보았는데 그것이 불가능한 헛수고라는 것이 너무나 명백히 밝혀졌기 때문입니다.

〈사탄을 속이심〉 그리고 정지조건을 밝히시지 않은 두 번째 이유는 다음 항목에서 설명하는 것처럼 그 '정지조건'을 비밀로 해야 인간의 구원을 원하지 않는 악한 영적 세력, 즉 사탄 마귀를 속일 수 있었기 때문입니다.

하나님만 알고 계셨던 '비밀'이었던 '정지조건'

〈사탄의 이상한 행동〉 예수님의 십자가를 통한 속죄라는 '정지조건'은 하나님만이 알고 계셨던 '비밀'이었습니다. 심지어 영적인 존재인 사탄, 마귀도 하나님의 계획을 알지 못했습니다. 저는 어릴 때부터 성경을 읽다 보면 이상한 것이 있었습니다. 십자가는 하나님과 우리에게는 영광이고 승리입니다. 하지만 사탄의 입장에서 보자면 십자가는 패배이고 절망입니다. 십자가의 보혈 때문에 수많은 사람들이 죄 사함을 얻고 사탄의 세력에서 벗어나 하나님의 자녀로 변화되고 있기 때문입니다. 그러니까 사탄은 예수님의 십자가를 악착같이 방해했어야 합니다. 그런데 성경을 보면 어떻습니까? 사탄이 유다를 유혹하여 예수님을 배신하게 합니다. "열둘 중의 하나인 가룟인이라 부르는 유다에게 사탄이 들어가니"(눅 22:3). 저는 이 상황이 도무지 이해가 되지 않았습니다. 사탄이 바보란 말입니까?

사탄이 유다를 조정하여 예수님을 배신하게 하고 유대인들을 조정하여 예수님을 십자가에 못 박게 한 것은 십자가를 통한 구원 계획이 사탄에게 비밀이었기 때문입니다. 만약 예수님의 십자가가 우리의 구원을 위한 '정지조건'을 성취하는 것임이 사탄에게 비밀이 아니었다면 사탄은 십자가를 방해하려 최선을 다했을 것입니다.

사탄의 입장에서 본 예수님의 십자가 사건 재구성

잠시 사탄의 입장에서 예수님의 십자가 사건을 재구성해 보면 다음과 같습니다. 사탄 마귀가 인간들을 괴롭히며 살고 있었습니다. 그런데 어느 날 하나님의 아들이 인간의 모습으로 세상에 태어나셨습니다. 사탄은 당연히 그분을 죽이고 싶었습니다. 그래서 헤롯 대왕을 사용하여 예수님을 죽이려고 했는데 그만 실패하고 말았습니다. 예수님께서 공생애를 시작하시기 전에 40일 동안 금식기도를 하시자 그분에게 나타나 세 번이나 시험을 했지만 또 실패했습니다.

사탄은 불안합니다. 예수님이 무슨 일을 하실지 모릅니다. 사탄의 입장에서 할 수 있는 최선의 일은 그분을 빨리 이 세상에서 쫓아내 보내는 일입니다. 예수님이 세상에 계시는 한 사탄은 늘 불안할 수밖에 없기 때문입니다. 이 세상에서 쫓아내는 일이란 그분을 죽이는 것입니다. 죽이되 곱게 죽이는 것보다 저주 받은 자로서 죽게 하는 것이 더 확실합니다. 신명기 21장 23절은 "… 나무에 달린 자는 하나님께 저주를 받았음이니라"라고 말씀하고 있기 때문입니다.

나무에 달려 죽이는 방법이 무엇입니까? 십자가입니다. 그래서 사탄은 유다와 유대인들을 동원하여 예수님을 십자가에 못 박아 죽이도록 합니다. 그래서 예수님은 십자가에서 죽으셨습니다. 사탄은 기뻤을 것입니다. 자신의 계획이 성공했다고 생각했을 것입니다. 그런데 어떻게 되었습니까? 예수님은 사흘 만에 무덤에서 부활하셨습니다. 알고 보니 십자가는 하나님의 승리였습니다. 십자가 때문에 사탄은 영원한 패배자가 된 것입니다.

사탄이 그렇게 한 이유는 십자가를 통해 우리의 죄용서가 이루어지는 것이 하나님의 전략이었음을 전혀 몰랐기 때문입니다. 이와 같이 사탄까지도 속여야 했기 때문에 하나님께서는 율법을 수여하실 때 십자가라는 '정지조건'을 철저히 비밀에 붙이셨던 것입니다.

'사탄아 내 뒤로 물러가라'는 말씀

신학교에서 이 부분을 강의할 때 학생들이 가끔 질문하는 것이 있는데 그것은 예수님께서 베드로에게 하셨던 '사탄아 내 뒤로 물러가라'는 말씀에 관한 것입니다. 지상 사역 말기에 예수님께서는 이제 곧 당하게 되실 죽음과 부활에 대해 말씀하십니다. 그 말씀을 들은 베드로는 예수님께 항변합니다. 그러자 예수님께서는 베드로에게 '사탄아 내 뒤로 물러가라'고 말씀하십니다.

> "[21] 이때로부터 예수 그리스도께서 자기가 예루살렘에 올라
> 가 장로들과 대제사장들과 서기관들에게 많은 고난을 받고
> 죽임을 당하고 제삼일에 살아나야 할 것을 제자들에게 비로
> 소 나타내시니 [22] 베드로가 예수를 붙들고 항변하여 이르되
> 주여 그리 마옵소서 이 일이 결코 주께 미치지 아니하리이다
> [23] 예수께서 돌이키시며 베드로에게 이르시되 사탄아 내 뒤
> 로 물러가라 너는 나를 넘어지게 하는 자로다 네가 하나님의
> 일을 생각하지 아니하고 도리어 사람의 일을 생각하는도다

하시고"(마 16:21-23, 참조, 막 8:31-33)

예수님께서 십자가에 대해 말씀하시자 베드로가 반대를 합니다. 그런데 예수님이 베드로에게 '사단아'라고 말씀하십니다. 그러니까 사단이 십자가를 방해한 것이 아니냐는 것입니다.

이 부분에 대한 해석은 크게 둘로 나뉩니다. 첫째는 여기서 예수님의 질책의 대상이 사탄이 아니고 베드로라는 해석입니다. '사탄아 내 뒤로 물러가라'로 시작되는 질책이 실제로 사탄을 향한 것인지 아니면 인간 베드로를 향한 것인지를 쉽게 판단할 수 있는 방법이 있습니다. 그것은 '사탄아 내 뒤로 물러가라' 다음에 하신 말씀이 사탄에게 더 적합한 것인지 아니면 베드로에게 더 적합한 것인지를 따져 보는 것입니다.

예수님께서는 '네가 하나님의 일을 생각하지 아니하고 도리어 사람의 일을 생각하는도다'라고 꾸짖으십니다. 이것은 인간 베드로의 현재 상황과 아주 잘 어울리는 질책입니다. 지금 베드로는 예수님께서 예루살렘에서 왕이 되시면 자신도 높은 자리를 차지하고자 하는 꿈을 가지고 있습니다. 그런데 예수님께서는 자신이 고난을 받고 죽게 될 것이라고 말씀하십니다. 베드로는 몹시 당황합니다. 그래서 결코 그렇게 되어서는 안 된다고 주장합니다. 지금 베드로는 예수님의 질책의 말씀처럼 하나님의 일이 아니라 사람의 일을 생각하고 있습니다. 예수님께서는 그것을 꾸짖으시는 것입니다. 이 경우 예수님의 이 말씀과 사탄은 별 상관이 없습니다. '사탄아'라는 표현은 예수님의 질책의 엄중성을 드러내 주는 표현일 뿐입니다. 이 해석이 옳습니다.

둘째는 예수님의 질책의 대상이 인간 베드로가 아니라 진짜 사탄이라는 해석입니다. 그 순간에 사탄이 베드로의 입을 빌어 그런 말을 했고 그래서 예수님께서는 베드로가 아니라 그 배후에 있는 사탄에게 '물러가라'는 말씀을 하셨다는 것입니다. 앞에서 설명한 대로 '사단아 물러가라'라는 말씀 이후의 말씀이 사단이 아니라 베드로에게 적합한 것이기 때문에 여기서 진짜 사단을 언급하고 계실 가능성은 거의 없습니다.

그러나 그것이 진짜 사단이라고 해도 사탄에게 예수님의 십자가를 통한 속죄가 비밀이었다는 사실이 뒤집어지는 것은 아닙니다. 왜냐하면 결국 유다에게 예수님을 팔아넘기려는 마음을 집어넣는 것은 사탄이기 때문입니다. "마귀가 벌써 시몬의 아들 가룟 유다의 마음에 예수를 팔려는 생각을 넣었더라"(요 13:2).

사단은 예수님을 통해 십자가에 대해 들었는데도 십자가의 의미를 깨닫지 못합니다. 베드로의 입을 통해 거기에 대해 반대를 하다가 또 유다를 통해 예수님을 팔아넘기게 합니다.

갈팡질팡하고 있는 것입니다. 십자가의 죽음이 참된 속죄제사로서 인간들의 구원을 위한 방편으로 사용될 것이라는 사실에 대해서는 아무런 이해가 없었다는 뜻입니다. 사탄 마귀에게는 하나님의 '정지조건'은 끝까지 비밀이었습니다.

때가 차매 예수님이 오심

구약 시대에 율법을 수여하신 후 마침내 하나님이 정하신 때가 되매, 하나님의 아들이 인간의 몸을 입고 세상에 오셨습니다. "때가 차매 하나님이 그 아들을 보내사 여자에게서 나게 하시고"(갈 4:4). 예수님께서는 율법의 모든 요구를 만족시키셨고, 자신의 몸을 제물로 삼아 영원한 속죄제사를 드리셨습니다.

모형과 그림자와 같은 구약의 율법들

유일하고 참된 속죄제사인 예수님의 십자가와 비교해 볼 때, 구약의 모든 제사들과 율법은 십자가를 미리 상징적으로 보여주는 모형과 그림자와 같은 것이었습니다. "그들이 섬기는 것은 하늘에 있는 것의 모형과 그림자라"(히 8:5).

〈속죄제사〉 특히 속죄제사가 그러했습니다. 유대인들은 죄를 지으면 양이나 소 등의 짐승을 잡아 죽여서 제사를 드렸는데 이것을 속죄제사라고 합니다. 정말로 죄를 용서해 줄 수 있는 능력이 있는 것은 예수님의 십자가라는 참된 속죄제사밖에 없습니다. 구약의 속죄제사들은 십자가를 교육시키기 위한 모형이요 그림자와 같은 것이었습니다.

〈놋뱀〉 구약성경에는 예수님의 십자가를 나타내는 모형과 그림자와 같은 것들이 여러 가지 있습니다. 이해를 돕기 위해 하나만 더 소개하도록 하겠습니다. 애굽(이집트)에서 탈출한 유대인들이 광야에서 하나님을 원망하다가 불뱀에 물려 죽게 되었습니다. 그러자 하나님께서는 모세에게 놋으로 뱀을 만들어 장대 위에 매달게 하시고 그것을 쳐다보는 자는 다 살도록 하셨습니다. "모세가 놋뱀을 만들어 장대 위에 다니 뱀에게 물린 자가 놋뱀을 쳐다본즉 모두 살더라"(민 21:9). 자기 죄로 인해 죽을 자들이었지만 하나님의 말씀을 믿고 놋뱀을 쳐다보면 살았습니다. 예수님께서는 이 뱀이 바로 자신을 상징하는 것이었다고 말씀하셨습니다. "모세가 광야에서 뱀을 든 것 같이 인자도 들려야 하리니"(요 3:14).

이와 같이 구약의 성도들이 죄를 지을 때마다 드리던 속죄제사는 단지 십자가의 모형이요 그림자였습니다. 짐승을 잡아서 드리는 속죄제사는 그 자체로서는 죄를 용서하는 능력이 없었습니다. "이는 황소와 염소의 피가 능히 죄를 없이 하지 못함이라"(히 10:4). 죄를 용서할 수 있는 참된 속죄제사는 오직 예수님의 십자가밖에 없습니다.

바울의 깨달음

바울은 이것을 깨달았습니다. 그리고 이것을 깨달은 것이 너무나 기뻐서 그 복음을 전하는 일에 남은 인생을 헌신했고, 결국 자신의 생명도 순교의 제물로 바쳤습니다. 그러나 당시의 유대인들은 아직도 모형과 그림자인 율법을 실체 자체라고 오해하고 있었습니다. 즉 구약의 속죄제사 자체로 죄 용서함을 받을 수 있다고 생각한 것입니다.

모형과 그림자의 필요성

그렇다면 우리는 이렇게 생각할 수 있습니다. 혼동되지 않게 하나님께서 아예 구약 시대에 모형과 그림자로서의 속죄제사 제도를 주지 않으셨으면 좋았을 것 아닙니까? 그렇다면 유대인들이 양과 소로 드리는 속죄제사에 집착하지 않고 쉽게 예수님을 믿었을 것 아닙니까?

아닙니다. 모형으로서의 율법은 반드시 필요한 것이었습니다. 만약 구약의 속죄제사가 없었다면 사람들은 죄 용서를 위해서는 반드시 피흘림이 있어야 한다는 사실을 배우지 못했을 것입니다. "피흘림이 없은즉 사함이 없느니라"(히 9:22). 그것을 몰랐다면 예수님의 십자가의 의미도 이해할 수 없었을 것입니다.

하나님께서는 피 흘림이 있어야 죄 용서함이 있다는 사실을 구약 시대 내내 속죄제사를 통해서 배우게 하셨습니다. 그것은 소꿉장난과 같은 것이었습니다. 그러다가 예수님이 오셔서 십자가에서 피를 흘려 죽으시자 사람들은 그 피가 우리의 죄를 사하는 것인 줄을 쉽게 이해하게 된 것입니다.

바울의 율법 비판

바울은 그의 서신서에서 자주 율법을 비판합니다. 그런데 율법은 하나님이 주신 것 아닙니까? 그런 율법을 어떻게 인간이 비판할 수 있습니까? 그래서 사람들은 여러 가지 설명을 고안해 냈습니다.

첫째는, 바울이 비판한 것은 율법 자체가 아니라 율법의 역기능의 일부였다는 견해입니다. 유대인들끼리만 어울려 살 때는 아무 문제가 없었는데 교회 안에서 유대인들과 이방인들이 함께 생활하게 되자 문제가 생겼다는 것입니다. 율법을 가지고 있는 유대인들이 율법이 없는 이방인들에 대해 우월감을 가지게 되었고, 그 결과 두 집단 사이에 위화감이 조성되었다는 것입니다. 율법의 그런 역기능 때문에 바울이 율법을 비판했다는 것입니다.

둘째는 바울 당시의 율법이 유대인들에 의해 왜곡되어 있었기 때문에 그것을 비판했다는 것입니다. 원래의 율법은 선하고 좋은 것이었지만 바울 당시의 유대인들은 율법의 정신을 심각하게 훼손시켰고, 그렇기 때문에 바울은 원래의 율법 자체가 아니라 왜곡된 율법을 비판했다는 주장입니다.

첫 번째 주장은 일리가 있는 것처럼 보입니다. 특히 에베소서가 묘사하고 있는 공동체의 모습은 첫 번째 주장이 사실일 가능성을 보여줍니다. 그러나 대부분의 경우에 바울이 공격하고 있는 것은 율법 그 자체입니다. 그러나 하나님이 주신 율법이 잘못된 것일 수는 없습니다. 그런데 바울이 율법을 공격하는 것이 어떻게 가능했을까요?

율법은 그 종류에 따라 나름대로의 기능이 있습니다. 구약 율법을 보통 세 종류로 구분합니다. 도덕법, 사회법, 제의법이 그것입니다. 이 명칭은 부르는 사람마다 약간씩 차이가 있기도 합니다.

도덕법은 사회가 어떻게 변하더라도 예수님이 재림하실 때까지 변하지 않는 법입니다. '살인하지 말라, 네 부모를 공경하라'는 법은 그 어떤 곳에서든 변함없이 적용됩니다.

사회법은 각 사회마다 적용방법은 달라지지만 그 근본취지는 변하지 않는 법입니다. 양을 도둑질 했을 때는 양 네 마리로 갚으라는 율법은(출 22:1) 양을 키우지 않는 사회에서는 적용하기 힘듭니다. 그러나 남의 재물을 훔쳐서는 안 되며 도둑질한 자는 물질적 배상을 해야 한다는 입법취지는 언제 어디서나 여전히 적용됩니다.

반면에 제의법은 예수님이 세상에 오셔서 십자가에서 죽어 주심으로 그 집행이 영원히 폐기된 법입니다. 예수님 이후에는 양을 잡아서 제사를 드리지 않습니다. 왜냐하면 구약의 제사들은 예수님의 십자가를 미리 보여주는 모형이었는데 실체인 예수님의 십자가가 실현됨으로써 모형의 기능이 완성되었기 때문입니다.

제의법으로서의 율법은 모형으로서는 완전한 것이었지만 실체는 아니었습니다. 그런데 바울 당시의 많은 유대인들은 율법 자체가 구원의 능력을 지니고 있는 줄로 알고 있었습니다. 바울은 그것에 대해 맹렬히 공격을 한 것입니다.

예수님 이전의 유대인들의 자아상

참고로 예수님 이전의 유대인들은 어떤 자아상을 가지고 살았는지를 살펴보도록 하겠습니다. 다음에 설명하는 것은 그것이 옳다는 것이 아니라 유대인들이 그렇게 생각했다는 것입니다.

그들은 태어난 지 8일 만에 할례를 받았습니다. 그러므로 그들은 하나님의 백성입니다. 그대로 잘 살다가 죽으면 천국에 갑니다. 하지만 이 관계를 깨뜨리는 것이 있습니다. 그것은 그들이 범하는 죄입니다. 죄를 범하면 하나님과의 관계가 깨집니다. 그러면 천국에 갈 수 없게 됩니다. 하지만 하나님께서는 이런 경우를 대비하여 회복책을 마련해 놓으셨습니다. 그것은 속죄제사입니다. 제사장에게 가서 죄를 고백하고 속죄제사를 드리면 죄가 용서함 받습니다. 그러면 다시 하나님과의 관계가 회복됩니다. 천국에 갈 수 있는 존재가 되는 것입니다.

그런데 죄로 인해 망가졌던 하나님과의 관계는 회복되었지만 죄의 결과는 사라지지 않고 그들의 삶에 영향을 끼칩니다. 그래서 유대인들은 때로는 이방인들에게 압제를 받으며 살아갑니다. 그들은 바벨론, 바사, 셀류키드 왕조 등에 의해 압제를 당했습니다. 바울 당시에도 자신들이 지은 죄 때문에 로마에 의해 압제를 당하고 있습니다.

하지만 그들에게는 희망이 있습니다. 하나님께서 메시야를 보내주실 것입니다. 언젠가 메시야를 세상에 보내시면 유대인들은 모든 대적들을 물리치고 다윗 왕 때 이상으로 번영되고 영광스러운 나라를 만들게 될 것입니다. 기독교인들은 메시야의 사역을 우리의 죄를 위해 피흘려 죽어 주시는 것으로 알고 있습니다. 하지만 유대인들은 그들의 죄를 위해 메시야가 죽어야 한다는 생각을 하지 못했습니다. 죄는 양이나 소를 잡아 드리는 속죄제사로 처리하면 되는 것이었기 때문입니다. 그렇기 때문에 그들이 생각하는 메시야의 역할은 유대인들의 왕이 되어 대적을 물리치고 영광스러운 나라를 건설

하는 것이었습니다.

〈유대인이 바라본 기독교인〉 그런데 유대인들이 보기에 이상한 사람들이 생겼습니다. 기독교인들입니다. 그들은 예수라는 인물이 메시야라고 합니다. 그 메시야가 이미 세상에 왔다가 하늘나라로 돌아갔다고 하는데 유대인들은 여전히 로마의 압제 하에 있습니다. 이건 말이 안 됩니다. 메시야가 그럴 수는 없습니다. 차라리 메시야가 아직 안 왔다고 한다면 메시야를 기다릴 희망이라도 있을 텐데 이미 왔다가 돌아갔다고 하니 희망도 없습니다. 그래서 유대인들은 기독교인들의 주장을 받아들이지 못합니다. 오히려 그들의 주장에 분노합니다. 그 대표적인 예가 회심하기 전의 사도 바울입니다. 그래서 바울은 사명감을 가지고 기독교인들을 핍박했던 것입니다.

이상이 예수님 이전의 유대인들이 생각했던 하나님 앞에서의 자아상입니다. 어떤 분들은 구약 시대의 유대인들은 율법을 완전하게 지켜야 구원을 받을 줄로 생각하고 늘 불안한 마음으로 부들부들 떨면서 살았을 것이라고 생각하십니다. 하지만 그렇지 않습니다. 유대인들은 자신들이 구원 받은 하나님의 백성이라는 평안한 마음을 가지고 평생을 살았습니다. 죄가 문제가 되었지만 속죄제사가 있었기 때문에 그것도 그들을 절망스럽게 만들지는 않았습니다. 이것이 복음이 전해지기 전의 유대인들의 상태였습니다.

십자가의 소급적 적용

이제 정말 중요한 이야기가 나옵니다. 그게 뭐냐 하면, 예수님의 십자가라는 '정지조건'의 성취가 과거에 하나님을 믿었던 자들에게도 그 효력이 소급된다는 것입니다. 즉 아브라함, 모세, 다윗 등도 예수님의 십자가의 효력의 소급적용 덕분에 구원을 받게 되었다는 것입니다. 그들은 하나님을 믿기는 했지만 하나님의 뜻에 따라 완전하게 살지는 못했습니다. 그러나 하나님께서는 예수님으로 하여금 십자가의 죽음이라는 완전한 속죄제사를 드리게 하시고, 그 효력을 구약의 성도들에게도 적용시키셔서 그들이 구원을 받게 하신 것입니다.

율법의 역할과 위치

지금까지 살펴본 율법의 역할과 위치를 요약하면 다음과 같습니다. 첫째, 율법은 십자가의 모형과 그림자로서 완전하며 흠이 없는 것이었습니다. "이로 보건대 율법은 거룩하고 계명도 거룩하고 의로우며 선하도다"(롬 7:12). 둘째, 그러나 율법은 그 자체로서는 인간에게 구원을 가져다 줄 수 없었습니다. 율법의 주된 가치는 십자가를 예표하는 모형과 그림자로서 사람들이 십자가의 의미를 이해할 수 있게 해 주는 데 있었습니다.

관련된 성경구절들의 해석

앞에서 저는 하나님께서 유대인들에게 율법을 주신 것은 일종의 '정지조건부법률행위'였다는 설명을 했습니다. 하나님께서 유대인들에게 율법을 주실 때 구원을 약속하기는 하셨지만 거기에는 '정지조건'이 붙어 있었습니다. 그것은 예수님의 십자가였습니다. 그리고 나중에 실제로 예수님의 십자가, 즉 궁극적인 속죄제사가 이루어졌습니다. 즉 하나님께서 비밀로 간직해 두셨던 '정지조건'이 성취된 것입니다. 이것을 통하여 하나님을 믿는 자들의 구원이 성취되었습니다. 이제 이것과 관련된 성경 구절들을 살펴보기로 하겠습니다.

유언

구약과 신약을 관통하는 하나님의 구원 방식을 가장 잘 설명하는 개념으로 저는 '정지조건부법률행위'라는 법률용어를 사용했습니다. 그런데 성경에는 '정지조건부법률행위'라는 단어가 등장하지 않습니다. 그렇다고 해서 신약의 기자가 제가 설명하고자 하는 개념 자체를 몰랐던 것은 아닙니다. 즉 예수님의 십자가가 구원을 위한 조건의 성취이며 그 효력이 구약의 성도들에게도 소급되는 것이라는 개념은 이미 신약을 기록했던 기자들도 가지고 있었습니다.

우리가 신약에서 발견할 수 있는, '정지조건부법률행위'와 가장 유사한 개념은 '유언'입니다. 히브리서에서 유언이라는 용어가 발견되는 곳은 9장의 다음 구절입니다: "15 이로 말미암아 그는 새 언약의 중보자시니 이는 첫 언약 때에 범한 죄에서 속량하려고 죽으사 부르심을 입은 자로 하여금 영원한 기업의 약속을 얻게 하려 하심이라 16 유언은 유언한 자가 죽어야 되나니 17 유언은 그 사람이 죽은 후에야 유효한즉 유언한 자가 살아 있는 동안에는 효력이 없느니라."

〈히브리서의 기록 배경〉 이 구절에 대한 설명을 하기 전에 히브리서가 기록된 배경을 살피는 것이 좋겠습니다. 유대인들 중에 예수님을 믿는 자들이 있었습니다. 그런데 그들은 예수님을 믿지 않는 유대인들로부터 핍박을 받았습니다. 핍박을 받는 데 지친 사람들 중 일부가 다음과 같은 생각을 하며 교회를 떠나려 했습니다.

'아브라함, 모세, 다윗 등의 조상들이 예수님을 믿었는가? 아니다. 그런데 그들이 구원을 받지 못했는가? 아니다. 구원을 받았다. 그들은 구약이 제시하는 신앙생활을 열심히 해서 구원을 받은 것이다. 그렇다면 우리 유대인들은 예수님을 믿지 않아도 조상들처럼 구원을 받을 수 있는 것 아닌가? 우리가 굳이 이렇게 핍박을 받아가며 예수님을 믿을 필요는 없지 않은가? 이방인들은 예수님을 믿어야 구원을 받겠지만 우리

유대인들에게는 조상들에게 주어졌던 율법이라는 또 다른 구원의 길이 있지 않겠는가?'

당장 매일 핍박을 받으며 살아가는 유대 기독교들에게 이것은 상당히 매력적인 논리였습니다. 그래서 많은 유대 기독교인들이 교회를 떠나려고 했습니다. 그들이 교회를 떠나는 것을 저지하기 위해 쓴 책이 바로 히브리서입니다. 히브리서는 그들에게 구약 성도들의 구원과 예수님의 십자가 사이의 관계를 설명해 주고 있습니다. 대상이 유대인 즉 히브리인들이었기 때문에 히브리서라고 불리고 있습니다.

히브리서의 전체적인 논리는 잠시 후 '모든 날 마지막'과 '증거와 약속'에 대한 논의에서 살피고자 합니다. 이곳에서는 우선 히브리서 9장에 등장하는 '유언'에 대해 계속해서 설명하기로 합니다.

〈새 언약과 첫 언약〉 히브리서 9장 15절은 예수님의 '새 언약'이 '첫 언약'에 속한 자들을 용서해 주기 위한 것이라고 말씀하고 있습니다. "이로 말미암아 그는 새 언약의 중보자시니 이는 첫 언약 때에 범한 죄에서 속량하려고 죽으사"

새 언약은 예수님이 십자가에 못 박히시기 전날 선포하신 언약을 말합니다: "저녁 먹은 후에 잔도 그와 같이 하여 이르시되 이 잔은 내 피로 세우는 새 언약이니 곧 너희를 위하여 붓는 것이라"(눅 22:20. 참조, 고전 11:25). 그리고 '첫 언약'은 구약 시대에 선포되었던 여러 언약을 말합니다(참조, 신 30:15-20). 히브리서 9장 15절 말씀은 첫 언약에 속해 있던 구약의 성도들이 죄에서 속량을 얻는 것은 새 언약 즉 예수님의 십자가 때문이라고 분명하게 밝히고 있습니다. 십자가가 구약의 성도들에게 소급적용되는 것입니다.

〈유언〉 그런데 새 언약이 어떻게 첫 언약 즉 구약 시대의 성도들을 구원하는 효력을 갖게 되는 것일까요? 이것을 설명하기 위해 히브리서 기자는 9장 16절과 17절에서 유언에 대해 설명합니다. "[16] 유언은 유언한 자가 죽어야 되나니 [17] 유언은 그 사람이 죽은 후에야 유효한즉 유언한 자가 살아 있는 동안에는 효력이 없느니라."

본문의 논리를 정리하면 아래와 같습니다.

① 유언은 유언한 자가 죽어야 효력이 나타납니다(16절). 여기서 유언한 자의 죽음이란 예수님의 죽음을 뜻합니다.

② 유언한 자가 살아 있는 동안에는 유언의 효력이 없습니다(17절). '정지조건부법률행위'는 '정지조건'이 성취되기 전까지는 효력이 나타나지 않습니다. 즉 예수님의 십자가가 완성되기 전에는 구약 성도들의 구원이 완성되지 못했다는 것입니다.

③ 이제 예수님이 죽으셨습니다. '정지조건'이 성취된 것입니다. 따라서 옛 언약 때에 죄를 범했던 자들 즉 구약의 성도

들이 속량하심을 얻게 되었습니다(15절).

히브리서 9장 15절 이하는 예수님의 죽음을 유언이 효력을 나타내게 되는 조건으로 설명하고 있습니다.

비밀

바울은 복음을 설명할 때 '비밀'(*mysterion*)이라는 단어를 자주 사용합니다. "나로 입을 열어 복음의 '비밀'을 담대히 알리게 하옵소서"(엡 6:19), "이 '비밀'은 만세와 만대로부터 감추어졌던 것인데"(골 1:26) 등의 구절입니다.

바울이 말하는 비밀은 크게 네 가지 범주로 나눌 수 있습니다. 첫째, 바울은 하나님이 창세전부터 마음속에 간직해 오셨다가 예수 그리스도를 통해서 드러내신 구원의 섭리를 비밀이라고 합니다. "그 뜻의 '비밀'을 우리에게 알리신 것이요"(엡 1:9), "곧 계시로 내게 '비밀'을 알게 하신 것은"(엡 3:3), "하나님 속에 감추어졌던 '비밀'의 경륜이"(엡 3:9).

둘째, 이 구원의 섭리가 예수 그리스도를 통해 완성되었기 때문에 때로는 예수 그리스도 자신을 비밀이라고 부릅니다. "이 '비밀'은 너희 안에 계신 그리스도시니"(골 1:27), "하나님의 '비밀'인 그리스도를 깨닫게 하려 함이니"(골 2:2).

셋째, 예수 그리스도를 통한 구원의 방법 즉 복음을 비밀이라고 부릅니다. "... 그리스도의 비밀을 말하게 하시기를 구하라 … 그리하면 내가 마땅히 할 말로써 이 '비밀'을 나타내리라"(골 4:3,4), "사람이 마땅히 우리를 … 하나님의 '비밀'을 맡은 자로 여길지어다"(고전 4:1).

넷째, 예수님의 구원 역사를 통하여 나타나는 결과를 비밀이라고 부릅니다. "그것을 읽으면 내가 그리스도의 '비밀'을 깨달은 것을 너희가 알 수 있으리라"(엡 3:4). 에베소서의 앞뒤 구절들을 읽어보면 여기서 그리스도의 비밀이란 이방인들이 하나님의 백성에 포함되는 일을 말합니다. "이는 이방인들이 복음으로 말미암아 그리스도 예수 안에서 함께 상속자가 되고 함께 지체가 되고 함께 약속에 참여하는 자가 됨이라"(엡 3:6).

그런데 위의 네 가지 용법들은 첫 번째의 것이 나머지 것들을 모두 포괄할 수 있는 것입니다. 즉 하나님께서 마음속에 간직해 오셨던 구원의 섭리의 내용이 예수 그리스도였고, 그것이 구체적으로 드러난 것이 십자가 사건이며, 그렇게 해서 선포된 복음의 결과들 중 하나가 이방인이 하나님의 백성이 된 것입니다. 이 모든 것은 하나님께서 비밀로 간직해 오신 것입니다.

바울이 깨달은 하나님의 비밀

원래 '정지조건부법률행위'에는 '정지조건'이 명시되어 있어야 합니다. 하지만 하나님께서는 그것을 비밀로 간직해 오셨습니다. 앞에서 언급한 것처럼 그것을 마귀가 알아서는 안 되었기 때문입니다. 또 어차피 '정지조건'을 이루기 위해 인간이 할 일은 없었기 때문이기도 합니다. 바울은 아마도 다메섹 사건 이후에 이것을 깨달았을 것입니다. "그것을 읽으면 내가 그리스도의 비밀을 깨달은 것을 너희가 알 수 있으리라"(엡 3:4).

비밀을 깨달았다는 표현이 우리에게 알려주는 것이 있습니다. 그게 뭐냐 하면, 십자가를 통한 구원이라는 것은 바울처럼 구약성경에 정통하다고 해서 자동적으로 알게 되는 것이 아니라는 것입니다. 바울은 예수님을 만나기 전에도 구약 성경에 정통한 학자였습니다. 하지만 그는 하나님의 비밀을 깨닫지 못했습니다. 하나님의 비밀은 그리스도의 십자가를 접한 후 계시를 통한 깨달음이 주어져야 알 수 있는 것입니다.

모든 날 마지막

이제 살펴볼 것은 '모든 날 마지막' 혹은 '세상 끝'에 대한 구절들입니다. 이것들은 모두 히브리서에 등장합니다. 히브리서가 기록된 배경에 대해서는 앞에서 이미 설명했습니다. 히브리서에서 예수님의 십자가 사건을 설명할 때 독특한 점은 예수님이 세상에 오신 때를 '모든 날 마지막' 혹은 '세상 끝'이라고 표현하고 있다는 점입니다. "이 모든 날 마지막에는 아들을 통하여 우리에게 말씀하셨으니"(히 1:2). "이제 자기를 단번에 제물로 드려 죄를 없이 하시려고 세상 끝에 나타나셨느니라"(히 9:26).

우리는 보통 세례 요한에서 구약시대가 끝났으며, 예수님부터 신약시대가 시작되었다고 생각합니다. 따라서 예수님은 새 시대의 시작을 알리는 분이지 세상의 끝을 알리는 분은 아닙니다. 그런데 히브리서 기자는 예수님이 나타나신 때를 '세상 끝'이라고 표현하고 있습니다. 그 이유는 무엇일까요? 히브리서 기자가 자신이 죽은 후에도 적어도 이천 년의 세월이 더 흐를 것을 몰랐기 때문에 그 시대를 세상의 끝이라고 표현했을까요? 그렇게 생각하는 것은 옳지 않습니다. 왜냐하면 모든 성경의 궁극적 저자는 성령 하나님이신데(딤후 3:16) 성령 하나님께서 그것을 모르셨을 리는 없기 때문입니다.

히브리서에서 예수님이 오신 때를 '모든 날 마지막' 혹은 '세상 끝'이라고 표현한 것은 십자가 사건을 그 이전부터 진행되어 왔던 하나님의 구원계획의 완성으로 보고 있기 때문입니다. 십자가는 믿는 자들을 구원하기 위한 하나님의 프로젝트의 마지막 부분이었습니다.

한 번이면 충분한 십자가 사건

이제 히브리서 9장 25절과 26절을 조금 더 살펴보기로 합니다. "[25] 대제사장이 해마다 다른 것의 피로써 성소에 들어가는 것 같이 자주 자기를 드리려고 아니하실지니 [26] 그리하면 그가 세상을 창조한 때부터 자주 고난을 받았어야 할 것이로되 이제 자기를 단번에 제물로 드려 죄를 없이 하시려고 세상 끝에 나타나셨느니라"(히 9:25,26).

25절과 26절 상반절은 예수님의 십자가를 통해 유익을 얻게 될 자들이 누구인지를 암시해 주고 있습니다. 예수님의 십자가는 단번에 죄를 없이 하는 능력을 가지고 있습니다. 따라서 예수님이 과거에 반복해서 세상에 오셔서 고난을 받으실 필요가 없었습니다. 중간에 한 번이면 됩니다. 이 말이 암시하는 것은 예수님의 십자가로 인해 구원을 얻게 될 자들 중에는 구약시대의 성도들이 포함되어 있다는 것입니다.

'세상 끝에'라고 번역된 부분도 우리의 이런 생각을 지지합니다. '세상 끝에'로 번역된 헬라어에서 '세상'에 해당되는 '아이오논'의 문자적 의미는 '시대들의'입니다. 이는 예수님 이전의 모든 역사를 통칭합니다. 예수님의 십자가가 이전 시대부터 진행되었던 구원 프로젝트의 완성이었음을 보여 줍니다.

증거와 약속

히브리서에서는 '증거'와 '약속'이라는 두 용어를 서로 대조적인 의미를 지닌 것으로 사용합니다. '증거'는 구원이 아직 확실하지 않은 상태에서 인간에게 주어지는 좀 어렴풋한 어떤 것입니다. 반면 '약속'은 구원이 아주 확실하게 보장되어 있는 상태에서 주어지는 확언을 말합니다. 구약의 성도들은 처음에는 불확실한 '증거'를 받았으나 예수님의 십자가가 성취됨을 통해 '약속'을 받게 되었습니다. 처음에는 불확실했던 것이 이제는 확실한 것이 된 것입니다.

〈현실적인 예〉 아무래도 현실적인 예를 들고 지나가는 것이 좋을 것 같습니다. 어떤 남녀가 서로 사랑을 합니다. 여자는 남자가 어서 청혼을 해 주기를 바라고 있습니다. 그 남자가 자신을 사랑하며 자신과 결혼을 하고 싶어한다는 '증거'는 차고 넘칩니다. 늘 사랑한다고 고백하고, 핸드폰에는 자기와 찍은 사진만 있고, 그 여자의 부모님 생신까지 잘 챙깁니다. 하지만 결혼을 하자는 '약속'은 하지 않습니다.

그러던 어느 날 남자는 여자를 멋진 해변으로 데려갑니다. 하루 종일 잘 논 후 저녁이 되었을 때, 남자는 해변에서 여자를 정면으로 바라보더니 나와 결혼해 주지 않겠느냐고 물어봅니다. 청혼을 한 것입니다. 여자는 청혼을 받아들인 후에 왜 지금까지 청혼을 하지 않았느냐고 물어봅니다. 그러자 남자는 자기가 여자를 평생 행복하게 해 주기 위해 좋은 직장을 구하려고 애를 썼었는데, 겨우 며칠 전에야 안정된 직장을 얻게 되었고, 그래서 이제야 청혼을 할 용기를 얻었다고 합니다. 그래서 두 사람은 결혼을 하기로 '약속'을 했습니다. 그 전에도 두 사람이 언젠가 결혼을 할 것이라는 '증거'는 많았지만 남자가 생각하던 조건이 성취된 후에야 비로소 확실히 '약속'을 하게 된 것입니다.

〈히브리서 11장〉 '증거'와 '약속' 사이의 이와 같은 대조를 가장 잘 보여주는 곳은 히브리서 11장입니다. 우선 우리의 주목을 끄는 것은 2절과 39절입니다. "선진들이 이로써 '증거'를 얻었느니라"(2절), "이 사람들은 다 믿음으로 말미암아 '증거'를 받았으나 약속[된 것](에팡겔리아)을 받지 못하였으니"(39절).

이 두 구절에서 '증거를 받음'과 '약속을 받음'을 대조하고 있습니다. 구약의 성도들은 믿음을 통해 '증거'를 받았습니다. 하나님께서 그들을 사랑하시고 그들을 구원하고 싶어하신다는 증거는 아주 많았습니다. 그러나 그들은 확실한 '약속'은 아직 받지 못했습니다. 구원을 구체적으로 약속해 주시지는 않았다는 것입니다.

참고로 요즘 흔히 사용하는 개역개정판에는 '약속'이 아니라 '약속된 것'이라고 번역되어 있는데, 헬라어 원문으로는 한 단어, '약속'(에팡겔리아)입니다. 과거에 사용하던 개역한글판에서는 '약속을 받지 못하였으니'로 정확히 번역을 했었는데 개역개정판에서는 '약속된 것을'로 의역을 해 놓았습니다.

히브리서 기자는 이어서 아벨(4절), 에녹(5절), 노아(7절), 아브라함(8절) 등 믿음의 사람들의 예를 제시합니다. 그들은 '증거'를 받았습니다. 하지만 그것은 구원을 위해 완전한 것이 아니었습니다. 따라서 히브리서 기자는 믿음의 사람들을 나열하다 말고 13절에서 그 사실을 강조해 줍니다. 그들은 '약속'을 받은 자들이 아닙니다. "이 사람들은 다 믿음을 따라 죽었으며 '약속'을 받지 못하였으되 그것들을 멀리서 보고 환영하며 … "(히 11:13). 성령 충만했던 자들은 언젠가는 완전한 약속이 주어질 것임을 멀리서 바라보며 기뻐했다는 것입니다.

아벨 등의 구약의 의인들은 다 믿음을 가지고 살다가 죽었습니다. 그러나 그것으로는 완전하지 못합니다. 그들은 약속을 받았어야 했습니다. 그러나 그들은 약속을 받지 못했습니다. 왜냐하면 그것은 먼 훗날에 예수님에 의해 주어질 것이었기 때문입니다. 그래서 그들은 약속을 '멀리서 보고 환영'했습니다.

〈39절〉 히브리서 11장 후반부는 이 논리를 더욱 명확하게 보여주고 있습니다. 17절부터 38절까지 구약의 여러 믿음의 사람들의 행적을 소개합니다. 그리고 39절에서는 13절에서 했던 말을 다시 반복하고 있습니다. "이 사람들은 다 믿음으로 말미암아 '증거'를 받았으나 '약속'(개역개정판, '약속된 것')을 받지 못하였으니"(39절). 구약의 믿음의 선진들은 위대한 자들입니다. 그러나 그들은 겨우 '증거'만을 받은 자들입니다. 아직 '약속'을 받지는 못했습니다.

〈40절〉 그렇다면 그들의 구원은 어떻게 온전해집니까? 40절이 그 해답을 제시합니다. "이는 하나님이 우리를 위하여 더 좋은 것을 예비하셨은즉 우리가 아니면 그들로 온전함을 이루지 못하게 하려 하심이라"(히 11:40). 하나님께서 우리를 위해 더 좋은 것을 예비하셨습니다. 여기서 우리란 예수 그리스도의 복음을 전하고 있는 교회를 말합니다. 복음이 없이는, 즉 예수 그리스도의 십자가가 없이는, 그들, 즉 11장 전체에서 나열한 믿음의 조상들은 온전한 구원을 이룰 수 없습니다. 그 누구도 '우리가 아니면' 즉 우리가 전하고 있는 예수님의 복음 없이는 구원을 얻을 수 없습니다.

〈히브리서의 결론〉 히브리서의 주된 수신자는 동족 유대인들로부터 핍박을 당하고 있던 유대 기독교인들이었습니다. 그들은 다음과 같이 생각하며 교회를 떠나려 했습니다. '우리 조상들은 예수님을 믿지 않고도 구원을 받았다. 그러니 우리도 이 핍박을 피하기 위해, 교회를 떠나 옛 조상들의 믿음으로 돌아가자. 우리의 구원을 위해서는 그것으로 충분하지 않겠는가?'

여기에 대한 히브리서 기자의 대답은 다음과 같습니다. '그렇지 않다. 그 조상들은 오직 증거만을 받았을 뿐이다. 예수님이 오셔서 십자가를 지신 후에야 그들에게 약속이 주어졌다. 옛 조상들의 믿음은 그 자체로 완전한 것이 아니다. 그들에게도 예수님이 필요했다. 그러므로 당신들은 교회를 떠나서는 안 된다.'

이것을 우리 식대로 표현하자면 '이제 십자가라는 정지조건이 성취되었는데 그것을 무시하고 정지조건이 이루어지기 이전 상태로 돌아가서 구원을 기대한다는 것은 어리석은 일입니다'라고 할 수 있을 것입니다. 구약의 율법은 결코 완전한 구원체계가 아니었습니다. 그것은 십자가를 통해 완성되어야 할 모형이요 그림자에 불과한 것이었습니다. 히브리서 기자는 '증거'와 '약속'의 대조를 통해 그것을 설명해 주고 있습니다.

로마서 10장 4절의 해석

로마서 10장 4절은 "그리스도는 모든 믿는 자에게 의를 이루기 위하여 율법의 마침[텔로스]이 되시니라"라고 말씀합니다. 한글로 번역된 '마침'이라는 의미에 주목하여 이 구절을 해석하면 예수님께서 율법을 폐기시키시고 복음의 새 시대를 여셨다는 뜻으로 이해될 수 있습니다. 그러나 이런 해석은 예수님 자신의 선언과 충돌합니다. “내가 율법이나 선지자를 폐하러 온 줄로 생각하지 말라 폐하러 온 것이 아니요 완전하게 하려 함이라”(마 5:17). 예수님의 의도는 율법을 폐지하는 것이 아님이 분명합니다. 예수님은 율법을 완전하게 하기 위해 오셨습니다. 이런 의미로 로마서 본문을 해석하면 그 의미는 “그리스도는 모든 믿는 자에게 의를 이루기 위하여 율법의 완성이 되시니라”가 됩니다. 원문에 사용된 단어 ‘텔로스’는 마침과 완성이라는 의미를 모두 가지고 있습니다.

그렇다면 율법을 완성한다는 것이 무엇일까요? 그것은 하나님께서 율법을 처음에 인간들에게 주셨을 때 가지셨던 본래의 의도를 성취하는 것입니다. 하나님의 의도는 인간들을 구원함이었습니다. 그러나 인간들 스스로의 힘으로는 율법의 요구를 성취할 수 없었습니다. 그것을 알고 계셨던 하나님께서는 예수님의 십자가라는 ‘정지조건’을 하나님 스스로에게 부여하셨고, 이제 예수님의 십자가가 성취됨을 통해 율법은 그 본래의 목적을 달성하게 된 것입니다.

이런 해석을 바탕으로 로마서 10장 4절을 다시 읽어보면 그 뜻이 분명하게 드러납니다. 그리스도는 ‘모든 믿는 자’에게 의가 이루어지게 하셨습니다. 모든 믿는 자들 속에는 구약의 성도들도 포함됩니다. 그들에게 의가 이루어진다는 것은 그들이 의롭게 됨을 말합니다. 즉 구원이 완성되는 것입니니다. 그들에게 의를 이루기 위해 예수님께서는 율법의 완성이 되셨습니다. 하나님께서 계획하셨던 대로 십자가의 죽음이라는 '정지조건'을 성취하심을 통해 율법을 완성시키신 것입니다.

갈라디아서 4장 4, 5절

예수님의 십자가가 구약의 성도들, 즉 율법 아래 있던 자들의 구원을 위하여 중요한 의미를 지닌다는 것을 위에서 살펴보았습니다. 그런데 그것을 가장 문자적으로 노골적으로 표현하고 있는 구절이 갈라디아서 4장 4, 5절입니다. "[4]때가 차매 하나님이 그 아들을 보내사 여자에게서 나게 하시고 율법 아래에 나게 하신 것은 [5]율법 아래에 있는 자들을 속량하시고 우리로 아들의 명분을 얻게 하려 하심이라."

때가 차매, 즉 하나님이 예정하셨던 때가 이르매 하나님께서는 그 아들을 여자에게서 나게 하시고 율법 아래에 나게 하셨습니다. '율법 아래에' 나게 하셨다는 것은 예수님이 율법의 영향력 아래 있게 하셨다는 뜻입니다. 그 이유가 무엇입니까? 율법 아래 있는 자들을 속량하시기 위해서입니다. 율법 아래 있는 자들이 누구입니까? 구약 율법시대에 속한 자들입니다. '율법 아래 있는 자들'이라는 것을 예수님과 사도 바울 당시에 예수님을 믿지 않던 유대인들로 좁혀서 해석하는 것은 근거가 없습니다. 왜냐하면 성경은 그들의 범위를 한정하지 않고 있기 때문입니다.

본문이 가리키는 것은 율법 아래 있는 모든 자들입니다. 예수님의 십자가라는 '정지조건'이 이루어지기 전에 하나님을 믿었던 구약의 모든 성도들을 말합니다. 그들은 하나님을 믿었으나 히브리서의 표현대로 단지 증거만 받았을 뿐입니다. 그러나 이제 예수님을 통해 '정지조건'이 성취되었고 그들을 향하신 하나님의 구원은 온전하게 되었습니다.

율법 아래에 있는 자들

여기서 다시 한 번 강조하고 싶은 것은 예수님의 십자가의 효력이 구약 시대로 소급 적용 된다고 해서 예수님 이전 시대의 모든 사람이 그 은혜를 입게 된다는 것은 아니라는 것입니다. 성경은 분명히 "율법 아래에 있는 자들을 속량하시고"(갈 4:5)라고 말씀합니다. 그리고 앞서 살펴보았던 히브리서 9장 15절 말씀도 '첫 번째 언약 때에' 죄를 범한 사람들을 구원해 주시기 위해 예수님이 죽으셨다고 말씀합니다. "그는 새 언약의 중보자시니 이는 첫 언약 때에 범한 죄에서 속량하려고 죽으사"(히 9:15). 예수님의 구원은 오직 언약 백성들에게만 소급 적용됩니다. 예수님 이전에 살았던 모든 사람들이 구원을 받는 것이 아닙니다.

예수님을 믿은 유대인들의 반응

사도 바울은 율법과 복음과의 관계를 설명하며 열심히 복음을 전했습니다. 그런데 그의 말을 듣고 예수님을 믿은 유대인들은 약간씩 다른 반응을 보였습니다. 그것을 설명하기 위해 구약 율법을 장난감 버스라고 해 보도록 하겠습니다. 구약 시대 유대인들에게 장난감 버스를 나누어줍니다. 그리고 이것이 출입문이니까 이곳을 통해 버스에 타야 하고, 이것이 의자니까 거기 앉아야 하고, 이것이 안전벨트니까 그것을 채워야 한다고 교육을 시킵니다.

어느 날 드디어 진짜 버스가 왔습니다. 사람들은 가르쳐 주었던 대로 출입문을 통해 버스에 올라탔습니다. 유대인들이 예수님을 믿고 교회에 다니게 된 것입니다. 그런데 평생 장난감 버스를 가지고 있던 유대인들은 세 가지 반응을 보였습니다.

① 가장 모범적인 자들

어떤 유대인들은 장난감 버스를 밖에 버리고 버스에 탔습니다. 가장 모범적인 사람들입니다. 그들은 장난감 버스는 모형에 불과했던 것임을 확실히 이해했습니다. 그리고 이제 진짜 버스에 타게 되었으니 그것은 필요가 없게 되었다고 하며 그것을 버렸습니다. 유대인 중에서 이제 모형으로서의 율법은 그 기능을 다했다는 것을 이해하고 그것을 따르는 일을 멈춘 사람들을 말하는 것입니다. 그들은 교회 안에서 이방인 신자들과 자신들이 신분이 같음을 이해하고 겸손하게 신앙생활을 합니다. 가장 모범적인 사람들입니다.

② 특권의식을 가진 자들

그런데 어떤 유대인들은 장난감 버스를 그대로 가진 채 버스에 탑니다. 그리고 버스를 타고 가다가 이방인들을 향해 '여러분, 장난감 버스를 가지고 있는 우리들이 여러분보다 더 우월한 사람들입니다. 우리와 여러분이 평등하다고 생각하지 말아 주세요'라고 말해서 버스 내에서 분열과 소란을 일으킵니다.

〈에베소 교회〉 이런 교회의 대표적인 예가 에베소 교회입니다. 바울은 그들을 질책합니다. 그리스도께서 유대인과 이방인 사이의 막힌 담을 허셨으니 유대인들은 교만한 태도를 갖지 말라고 합니다. "그는 우리의 화평이신지라 둘로 하나를 만드사 원수 된 것 곧 중간에 막힌 담을 자기 육체로 허시고"(엡 2:14), "또 십자가로 이 둘을 한 몸으로 하나님과 화목하게 하려 하심이라 원수 된 것을 십자가로 소멸하시고"(엡 2:16).

③ 이단과 같은 자들

그런데 최악의 유대인들이 있었습니다. 그들도 역시 장난감 버스를 가진 채 버스에 탑니다. 그런데 버스 안에서 이방인들에게 이렇게 말합니다. '여러분, 이 버스에 탔다고 해서 모두 천국에 갈 수 있을 것이라고 생각하지 마시기 바랍니다. 천국에는 이 장난감 버스를 가진 사람만 들어갈 수 있습니다. 그러니 지금 장난감 버스가 없으신 분들은 휴게소에서 버스가 섰을 때 가게에 가셔서 꼭 장난감 버스를 구입하시기 바랍니다.' 예수님을 믿으면서도 구약의 율법을 준수해야 천국에 갈 수 있다는 말입니다.

〈갈라디아 교회〉 이것은 갈라디아서의 상황입니다. 바울이 갈라디아 지역의 이방인들에게 전도를 해서 교회를 세우고 다른 곳으로 떠났습니다. 그런데 어떤 유대인들이 그 교회에 들어와서는 예수님을 믿는 것만으로는 천국에 갈 수 없고 구약 율법도 지켜야 한다고 가르쳤습니다. 그러자 갈라디아 교인들은 혼란에 빠졌습니다. 바울은 그 소식을 듣자 거짓 가르침에 미혹된 자들을 격렬하게 비난합니다. "어리석도다 갈라디아 사람들아 예수 그리스도께서 십자가에 못 박히신 것이 너희 눈앞에 밝히 보이거늘 누가 너희를 꾀더냐 ... 너희가 이같이 어리석으냐 성령으로 시작하였다가 이제는 육체로 마치겠느냐"(갈 3:1,3).

율법으로는 구원이 불가능합니다. 그것을 통해 구원을 얻으려고 하는 이들은 저주 아래에 있습니다. 왜냐하면 율법은 완벽하게 지켜야 의미가 있는 것인데 그것은 불가능하기 때문입니다. "무릇 율법 행위에 속한 자들은 저주 아래에 있나니 기록된 바 누구든지 율법 책에 기록된 대로 모든 일을 항상 행하지 아니하는 자는 저주 아래에 있는 자라 하였음이라"(갈 3:10).

율법은 모형이요 그림자로서의 역할만 가지고 있었을 뿐입니다. 그런데 그런 율법을 지켜야 구원을 얻는다고 주장하는 것은 십자가의 원수가 되는 일입니다. 그렇기 때문에 바울은 정말로 맹렬히 그들을 비난합니다.

유대인 선교

구약의 성도들도 예수님의 십자가 때문에 구원을 얻었다는 사실을 잘 이해해야만 우리가 지금 할 수 있는 일이 있습니다. 그것은 유대인 선교입니다. 유대인들에게는 율법과 언약이라는 나름대로의 구원의 방법이 있다고 생각하는 분들은 유대인 선교를 하지 않습니다. 유대인들에게 굳이 예수님의 십자가를 전할 필요를 느끼지 못하는 것입니다. 그러나 구약의 성도들도 예수님의 십자가 덕분에 구원을 얻었습니다. 그러므로 지금의 유대인들에게도 예수 그리스도를 전해야 합니다. 그들의 조상들도 예수님 때문에 구원을 얻었고 지금 그들도 예수님을 믿어야 구원을 얻는다고 전해야 합니다.

유대인들의 축제에 함께 참여하는 기독교인들의 자세

기독교인들 중에서 유대인들의 절기 때 이스라엘에 찾아가서 그들의 행사에 함께 참여하는 분들이 있습니다. 그들의 동기에 따라 우리의 평가가 달라져야 할 것입니다.

첫째, 단순히 유대인들과 교제를 하여 친분을 쌓은 후 그 관계를 통해 그들에게 복음을 전하려고 하는 분들이 있을 것입니다. 이것은 전혀 문제 될 것이 없는 좋은 자세입니다. 둘째, 혹시 이스라엘에 찾아가서 절기에 함께 참여함으로써 자신들이 다른 기독교인들보다 우월하다는 생각을 가진 분들이 있다면, 이것은 위에 설명한 에베소서의 경우입니다. 질책을 받아야 합니다. 셋째, 만약 예수님을 믿는 것만으로는 부족하고 이렇게 유대인들의 축제에 참여해야 천국에 갈 수 있다고 주장하는 분들이 있다면, 그것은 갈라디아서의 경우입니다. 십자가의 원수라는 질책을 받아 마땅한 일입니다.

제4장

…

사도 바울의 역사

04

사도 바울의 역사

앞에서 사도 바울이 깨달은 복음의 비밀이 무엇인지를 살펴보았습니다. 이제 사도 바울의 역사를 시간 순서대로 살펴보기로 합니다. 먼저 제1차 전도여행 이전까지의 행적입니다.

출생지

사도 바울은 길리기아(Cilicia) 다소(Tarsus)에서 출생했습니다. 출생연도는 보통 주후 5년으로 잡는데 정확하지는 않습니다. 길리기아는 지역 이름이고 다소는 도시 이름입니다. 우리나라에서 경기도 수원이라고 하는 것과 같습니다. 다소는 친로마적인 도시로서 헬라어가 널리 사용되고 있던 곳입니다. 바울은 어린 시절부터 헬라어에 능통했을 것입니다.

예루살렘 유학

아마도 바울은 어린 시절에는 고향인 길리기아 다소의 회당에서 교육을 받다가 13세에 예루살렘으로 왔을 가능성이 큽니다. 유대인들의 기초교육은 12세까지입니다. 그 이후에는 대부분의 아이들은 집에서 아버지의 일을 도왔습니다. 일부의 아이들만이 성경을 공부하기 위해 상급학교에 진학을 하는데 바울도 아마 공부를 더 하기 위해 13살에 예루살렘에 왔을 것입니다. 예루살렘에서 바울은 당시 최고의 랍비로 꼽히던 가말리엘의 제자가 되었습니다.

바울과 사울

바울과 사울은 그냥 같은 이름입니다. 사울은 유대식 이름으로서 유대인들과 교제할 때 사용한 이름이고 바울은 헬라식 이름으로서 외국인들과 교제할 때 사용했습니다. 지금 한국인들 중에서도 따로 영어식 이름을 지어서 외국인들과 교제할 때는 그것을 사용하는 경우가 있는데 사울과 바울이 그런 경우입니다.

디메섹 진도

바울은 기독교인들의 핍박에 앞장섭니다. 그는 다메섹(다마스커스)에 있는 기독교인들을 체포하기 위해 가던 중 예수님을 만나는 체험을 합니다(행 9:5). 일시적으로 눈이 멀어서 아무 것도 하지 못하고 기도와 묵상으로 시간을 보냅니다. 그러던 중 하나님의 계시를 받고 찾아온 아나니아라는 사람에게 안수를 받고 눈을 다시 보게 됩니다(행 9:17,18).

바울은 아마도 그 때 이 책의 앞 장에서 설명했던 율법과 십자가와의 관계를 깨닫게 되었을 것입니다. 즉 이전에는 구약 율법의 속죄제사가 그 자체로서 죄를 사하는 능력이 있는 줄 알았으나 이제는 예수님의 십자가만이 참된 속죄제사이고 구약의 속죄제사는 다만 십자가의 모형이요 그림자임을 깨닫게 된 것입니다. 하나님의 비밀을 깨달은 것입니다. 그는 그 즉시 다메섹에서 전도를 시작합니다. "즉시로 [다메섹] 각 회당에서 예수가 하나님의 아들이심을 전파하니"(행 9:20).

예루살렘으로 돌아옴

다메섹에서 예루살렘으로 돌아온 바울은 자신이 예수님을 믿는 자가 되었음을 밝히며 사도들을 만나려고 노력합니다. 그러나 사도들은 그를 환영하지 않습니다. "사울이 예루살렘에 가서 제자들을 사귀고자 하나 다 두려워하여 그가 제자 됨을 믿지 아니하니"(행 9:26). 사도들은 얼마 전까지 예수 믿는 사람들을 그토록 지독하게 핍박했던 사람이 갑자기 회심을 했다는 것을 믿기 어려웠을 것입니다. 아마도 제자들은 바울이 자기 사람들을 매복시켜 두었다가 사도들이 모였을 때 한꺼번에 체포하려 한다고 생각했을 지도 모릅니다.

〈헬라파 유대인〉 이 때 중재자로 나선 사람이 바나바입니다. 그가 사도들을 설득하여 사도들과 바울의 만남이 이루어집니다(행 9:27). 바나바는 참으로 선한 사람이었습니다. 바울은 예루살렘에서도 전도에 힘씁니다. 특이한 것은 그가 헬라파 유대인들에게 복음을 전하려 했다는 것입니다(행 9:29). 헬라파 유대인이란 유대인들 중에서 외국에서 살고 있기 때문에 헬라어를 모국어처럼 사용했던 자들을 말합니다. 한국인들 중에서 미국에서 살고 있기 때문에 영어를 모국어처럼 사용하는 사람들과 비슷한 경우입니다.

〈팔레스타인 아람어〉 사도 바울은 히브리어와 헬라어 모두에 능통했기 때문에 그들에게 복음을 전하는 데 별 어려움이 없었을 것입니다. 엄밀하게 말하자면 히브리어는 주전 586년(혹은 587년)에 남유다가 바벨론에게 망하기 전까지 사용되었던 언어를 말하고 예수님 당시에 팔레스타인 지역에서 사용되었던 언어는 팔레스타인 아람어라고 불립니다. 그런데 당시 유대인들이 사용하던 언어를 그냥 히브리어라고 말하기도 합니다.

〈성전 환상〉 나중에 바울은 이 때 성전에서 기도를 하다가 이방인의 사도로 부르심을 받았다고 고백합니다. "후에 내가 예루살렘으로 돌아와서 성전에서 기도할 때에 ... 나더러 또 이르시되 떠나가라 내가 너를 멀리 이방인에게로 보내리라 하셨느니라"(행 22:17, 21). 사도 바울이 예루살렘에서 적극적으로 복음을 전하자 유대인들은 그를 죽이려 합니다(행 9:29). 그래서 바울은 가이사랴를 거쳐 길리기아 다소로 돌아갑니다(행 9:30).

베드로의 고넬료 전도

이와 비슷한 시기에 베드로는 고넬료를 전도합니다. 베드로가 로마군의 백부장이었던 고넬료의 집에 가서 그들의 가족에게 복음을 전한 이야기는 사도행전 10장에 등장합니다. 그 이야기를 통해 우리가 알 수 있는 것은 복음을 이방인에게 전한다는 것은 그 때까지만 해도 사람들이 상상할 수가 없는 일이었다는 것입니다.

먼저 하나님께서 고넬료에게 천사를 보내셔서 베드로에게 사람을 보내게 하십니다(행 10:3-7). 또 베드로에게 이방인의 집에 찾아갈 마음의 준비를 시키기 위해 하늘에서 불결한 짐승들이 들어있는 보자기가 내려오는 환상을 세 번씩이나 반복해서 보게 하십니다(행 10:9-16). 뭔가 특별한 게 있다고 느낀 베드로는 고넬료가 보낸 사람들을 따라갑니다. 그리고 고넬료의 집안에서 복음을 전할 때 성령님이 역사하셔서 그들에게 방언의 역사가 나타납니다(행 10:44-46). 그래서 베드로는 그들에게 세례를 베풀었습니다(행 10:48).

그런데 베드로가 이방인의 집에 들어가서 함께 식사를 했다는 소문을 듣자 예루살렘의 신자들은 베드로를 비난합니다. 전도를 하고 큰 열매를 맺었다고 격려를 한 것이 아니라 비난을 한 것입니다. 왜냐하면 그 때까지 교회의 구성원은 유대인들이었고 그들은 전 세계에 흩어져 있는 유대인들에게만 복음을 전해야 하는 것으로 생각하고 있었기 때문입니다. 그래서 그들은 베드로의 행동을 비난했습니다.

그런데 예수님을 직접 3년 동안이나 따라다녔던 베드로도 자신이 한 행동을 제대로 설명할 수가 없었습니다. 그래서 신학적인 설명을 하는 대신 자신이 고넬료 전도와 관련하여 겪었던 일을 처음부터 자세하게 설명을 합니다(행 11:4-17). 그 말을 들은 예루살렘 성도들은 그제야 "그러면 하나님께서 이방인에게도 생명 얻는 회개를 주셨도다"(행 11:18)라고 하면서 수긍을 합니다.

바울이 유대인들과 의논하지 않은 이유

예수님의 수제자 베드로와 그가 돌보고 있던 초대교회 성도들은 이방인 전도에 대해서는 아무런 생각도 하지 않고 있었습니다. 그렇기 때문에 고넬료 사건이 그들에게는 그토록 충격적이었던 것입니다. 그런데 바로 그 시기에 하나님께서 사도 바울에게 나타나셔서 그에게 이방인 전도라는 사명을 주신 것입니다. "나더러 또 이르시되 떠나가라 내가 너를 멀리 이방인에게로 보내리라 하셨느니라"(행 22:21)

바울은 자신이 이방인 전도자로 부름을 입었다는 사실을 다른 유대인들에게 말할 수 없었습니다. 그는 갈라디아서 1장 16절에서 "그의 아들을 이방에 전하기 위하여 그를 내 속에 나타내시기를 기뻐하셨을 때에 내가 곧 혈육과 의논하지 아니하고"라고 말합니다. 여기서 혈육이란 유대인 동족들을 말합니다. 만약 그 시기에 바울이 다른 사도들에게 가서 자신이 이방인의 사도로 부르심을 입었다고 하면 다들 바울이 미쳤다고 생각했을 것입니다. 바울도 그것을 알았습니다. 그래서 그들에게는 자신이 이방인의 사도로 부름을 받았다는 사실에 대해 아무 말도 하지 않았습니다.

아라비아 전도

바울은 예루살렘에서 전도를 하다가 유대인들의 핍박 때문에 가이사랴를 거쳐 길리기아 다소로 왔습니다. 아마 휴식을 취하려는 의도도 있었을 것이고 이제 곧 이방인 선교를 시작해야 하기 때문에 선교자금을 마련할 의도도 있었을 것입니다.

그가 첫 번째 선교지로 삼은 곳은 아라비아입니다. 성경에는 아라비아라고 나오지만 정확한 이름은 나바티아(Nabatean) 공국입니다. "또 나보다 먼저 사도 된 자들을 만나려고 예루살렘으로 가지 아니하고 아라비아로 갔다가 다시 다메섹으로 돌아갔노라"(갈 1:17). 나바티아는 (아브라함과 하갈의 아들) 이스마엘의 자손들이 살던 곳입니다. 이곳에서의 전도는 너무나 많은 적대감을 불러일으켜서 결국 다메섹으로 도망을 가게 되었습니다.

3년 동안의 아라비아 묵상 기간은 없었다.

제 어린 시절을 기억해 보면 목사님들은 이 시기에 대해 다음과 같은 설명들을 많이 하셨습니다. 바울이 본격적으로 전도여행을 하기 전에 아라비아에 가서 약 3년 동안 조용히 기도와 묵상의 시간을 보냈다는 것입니다. 하지만 그것은 사실이 아닌 것이 확실합니다.

첫째, 사도 바울은 복음의 비밀을 다메섹에서 즉시 깨달았습니다. 그는 구약에 정통한 학자였습니다. 그렇기 때문에 속죄제사가 그 자체로서 죄를 사하는 능력이 있는 것이 아니고 오직 십자가만이 참된 속죄제사라는 것을 깨닫자 즉시 구약을 새로운 관점에서 해석할 수 있는 능력이 생겼습니다. 그래서 그는 다메섹에서 이미 전도를 시작했고 예루살렘에 왔을 때도 아주 적극적으로 전도를 했습니다.

바울이 얼마나 적극적이고 논리적으로 전도를 했는지 알 수 있는 구절이 있습니다. 사도행전 9장 29절입니다. "또 주 예수의 이름으로 담대히 말하고 헬라파 유대인들과 함께 말하며 변론하니." 사도 바울은 유대인들에게 단순히 예수님이 메시야이심을 선포한 것이 아니라 그들과 변론했다고 합니다. 이것은 복음을 전하기 위한 이론적 무장이 이미 끝난 상태라는 것을 뜻합니다. 그런 바울이 복음전도를 시작하기 위해 3년 동안의 준비기간이 필요했다고 하는 것은 매우 어색합니다.

둘째, 사도 바울은 매우 적극적인 사람이었습니다. 다메섹과 예루살렘에서 전도를 할 때도 소극적으로 몰래 한 것이 아니라 매우 적극적으로 했습니다. 그래서 예루살렘의 유대인들은 그를 죽이려고 했고, 그렇기 때문에 믿는 형제들이 그를 가이사랴로 데리고 내려가서 길리기아 다소로 보냈습니다(행 9:30). 이랬던 바울이 아라비아에 가서 전도를 멈추고 3년 동안 기도와 묵상의 시간을 가졌다는 것은 이해하기 힘든 일입니다.

다메섹, 예루살렘, 안디옥 사역

나바티아의 아레다(Aretas) 왕은 고관과 자객들을 다메섹까지 보내 바울을 죽이려고 했습니다. 그들은 다메섹 성문을 지켰습니다. "다메섹에서 아레다 왕의 고관이 나를 잡으려고 다메섹 성을 지켰으나"(고후 11:32). 성도들은 바울을 광주리에 태워서 성벽 밖으로 내려 주었습니다. 그래서 바울은 다메섹을 탈출할 수 있었습니다. "나는 광주리를 타고 들창문으로 성벽을 내려가 그 손에서 벗어났노라"(고후 11:33).

다메섹에서 빠져나온 바울은 예루살렘에 있는 지도자들을 방문했습니다(갈 1:18-19). 3년에 걸친 목숨을 건 사역의 이야기는 예루살렘에도 퍼져 있었을 것입니다. 그렇기 때문에 그들은 이번에는 진심으로 바울을 환영했을 것입니다. 이제 바울은 고향인 길리기아 다소로 돌아가기로 합니다. 그는 고향으로 가는 길에 수리아(시리아)와 길리기아의 이방인들에게 전도를 했습니다(갈 1:22-24). 바울은 길리기아 다소에 도착하여 휴식을 취합니다.

안디옥 교회사역

길리기아 다소 동쪽에는 수리아 안디옥이 있습니다. 당시에 안디옥이라고 불리는 도시가 두 개 있었습니다. 하나는 이스라엘과 가까운 수리아 안디옥이고 다른 하나는 비시디아 안디옥입니다. 여기서 설명하는 것은 수리아 안디옥입니다. 안디옥에도 교회가 있었는데 바나바가 그 교회를 담임하고 있었습니다.

서쪽에 있는 비교적 가까운 도시였던 길리기아 다소에 바울이 와 있다는 소식을 들은 바나바는 자신이 직접 바울을 찾아갑니다(행 11:25). 그리고 바울을 설득하여 안디옥 교회에서 함께 사역을 하게 됩니다. 저는 타임머신이 있어서 과거의 어디론가 가 볼 수 있다면 이때의 안디옥 교회에 꼭 가보고 싶습니다. 바울과 바나바가 공동목회를 하는 교회, 정말 가슴이 뛰지 않습니까? 성경에 통달하고 성령의 은사가 넘치는 사도 바울과 어머니와 같이 따뜻하고 온유한 성품의 바나바가 함께 목회를 하는 곳, 그곳의 성도들은 얼마나 행복했을까 하는 생각을 해 봅니다.

제1차 전도여행

〈여행의 시작〉 그런데 안디옥 성도들의 그런 행복은 오래 지속되지 못한 것 같습니다. 하나님께서는 안디옥 교회에게 바나바와 사울을 따로 세우실 것을 명령하십니다(행 13:2). 그들은 금식하며 기도하고 두 사람에게 안수하고 그들을 선교사로 파송합니다(행 13:3). 이렇게 해서 소위 말하는 첫 번째 전도여행이 시작되었습니다.

〈개요〉 그 기간은 주후 44년(혹은 약간 이후)부터 주후 47년 말까지입니다. 제가 위에서 '소위 말하는'이라는 표현을 쓴 것은 그 이전에 있었던 3년간의 아라비아 전도를 사실은 제1차 전도여행이라고 불러야 하기 때문입니다. 그러나 일반적으로 안디옥 교회를 기반으로 한 전도여행을 제1차 전도여행이라고 부릅니다.

바울과 바나바, 그리고 바나바의 조카인 마가 요한(두 사람이 아니라 한 사람 이름입니다)이 함께 여행을 떠났습니다. 사도행전 13장과 14장이 이 여행에 대해 기술하고 있습니다. 이 때 각 지역에 처음으로 교회들이 세워졌습니다. 이 기간에는 아무런 서신도 쓰이지 않았습니다.

세 번의 전도여행들의 특징

제가 신학교에서 강의를 할 때는 세 번의 전도여행에 별명을 붙여서 설명합니다. 제1차 전도여행은 '소규모', 제2차 전도여행은 '대규모', 그리고 제3차 전도여행은 '다지기'입니다. 제1차 전도여행도 작은 규모는 아니지만 두 번째 여행에 비해서는 규모가 작았기 때문에 '소규모'라고 별명을 붙였습니다. 제3차 전도여행 때는 새로운 곳을 찾아가는 것이 아니라 앞선 전도여행 때 세운 교회들을 굳건히 하고 신학교를 세워서 성경적인 토대를 단단히 만드는 작업을 했습니다. 그래서 '다지기'라고 이름을 붙였습니다.

그림: 제1차 전도여행

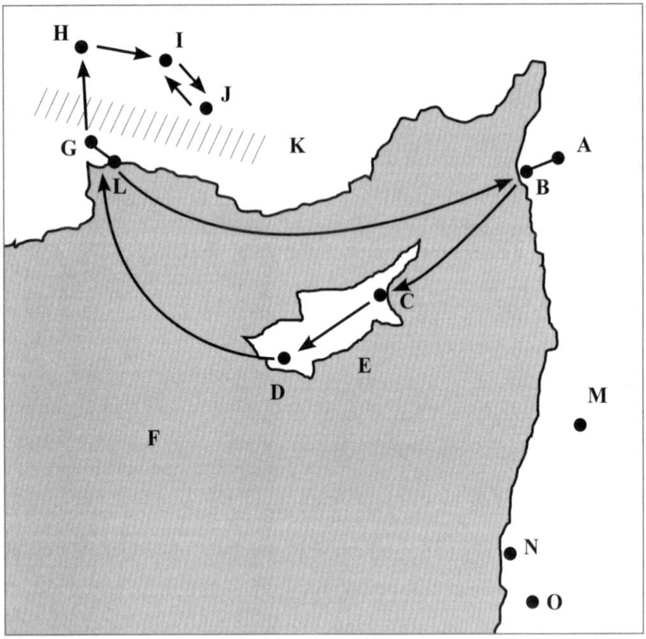

A: 수리아 안디옥, B: 실루기아, C: 살라미, D: 바보(Paphos), E: 구브로 섬, F: 지중해, G: 밤빌리아 버가, H: 비시디아 안디옥, I: 이고니온, J: 루스드라, K: 타우루스(Taurus) 산맥, L: 앗달리아, M: 다메섹, N: 가이사랴, O: 예루살렘

행로

이제 제1차 전도여행의 행로를 살펴보도록 하겠습니다. 앞의 지도를 참조하시기 바랍니다.

- A. 수리아 안디옥: 출발지는 수리아 안디옥입니다. 안디옥 교회는 바울의 세 번에 걸친 전도여행의 근거지요 후원자 역할을 했습니다.
- B. 실루기아(행 13:4, 이하 괄호 내 숫자는 절): 실루기아는 안디옥에 가까운 항구입니다. 바울 일행은 이곳에서 배를 타고 구브로 섬으로 갔습니다.
- E. 구브로(4): 구브로는 현재의 키프로스 섬을 말합니다. 첫 전도여행지로 이 섬이 선택된 이유는 아마도 이곳이 바나바의 고향이었기 때문일 것입니다.
- C. 살라미(5) – D. 바보(Paphos, 13): 바보에 영어 철자를 적어 넣은 것은 한국어 발음이 오해를 일으킬 수 있기 때문입니다. 살라미는 구브로 섬 동쪽 끝에 있는 항구이고 바보는 서쪽 끝에 있는 항구입니다.
- G. 밤빌리아의 버가(13): 바울 일행은 바보에서 배를 타고 북쪽에 있는 밤빌리아(지방)에 상륙한 후 버가(라는 도시)로 왔습니다. 그런데 구브로 섬에서의 전도여행이 마가 요한에게는 너무 힘들었나 봅니다. 요한은 거기서 바울과 바나바 두 사람을 버려두고 예루살렘으로 가 버리고 말았습니

다(13). 이것은 나중에 두 번째 전도여행 때 바울과 바나바가 갈라서게 되는 계기가 되었습니다.

- K. 타우루스 산맥: 이 산맥의 이름은 성경에 등장하지 않습니다. 바울 일행이 도착한 밤빌리아의 버가에서 다음 행선지인 비시디아 안디옥까지 가려면 바위로 이루어진 매우 높고 험준한 산맥을 넘어야 합니다. 그 산맥의 이름이 '타우루스' 산맥인데 그것은 라틴어로서 뜻은 '황소'입니다. 사진이나 동영상을 보면 정말 험준한 산맥이라는 것을 알 수 있습니다. 바울 시대에는 산적이 많기로 유명한 곳이었다고 합니다.

  그런데 바로 이 산맥 앞에서 젊은 마가 요한이 두 어른들을 남겨두고 혼자 예루살렘으로 떠나간 것입니다. 바울과 바나바는 그 험하고 위험한 타우루스 산맥을 짐을 잔뜩 짊어진 채 넘어갔을 것입니다. 그리고 나중에 돌아올 때도 다시 똑같은 고생을 해야 했습니다. 바울이 마가 요한과는 제2차 전도여행을 함께 할 수 없다고 이야기한 것도 무리는 아니었습니다.
- H. 비시디아 안디옥(14): 안디옥이라는 이름의 도시가 수리아 안디옥과 비시디아 안디옥, 두 곳이 있었다는 말을 앞에서 했습니다. 이곳은 비시디아 안디옥입니다.
- I. 이고니온(51) – 루스드라(14:6) – 더베(20) – 루스드라(21)

– 이고니온(21): 도시의 이름들이 보여주듯이 더베까지 갔다가 갔던 길을 그대로 되돌아오는 행로입니다.

• H. 안디옥(21) – 비시디아(24) – 밤빌리아(24) – G. 버가(25) – L. 앗달리아(25) – A. 안디옥(26): 타우루스 산맥을 넘은 바울과 바나바는 밤빌리아의 항구 도시인 앗달리아에서 배를 타고 실루기아를 통해 안디옥으로 돌아왔습니다. 이것이 제1차 전도여행입니다.

사도회의(예루살렘 공의회)

제1차 전도여행과 제2차 전도여행 사이에 예루살렘에서는 소위 말하는 사도회의 혹은 예루살렘 공의회가 열렸습니다. 사도행전 15장이 이에 대해 기록하고 있습니다. 바울이 여러 곳을 다니면서 복음을 전하니까 사람들 사이에서 논쟁이 생겼습니다. 구약의 율법을 어떻게 처리해야 할 것이냐 하는 것입니다. 앞 장에서 제가 설명한 대로 유대인들 사이에는 복음과 율법의 관계에 대해 이해의 차이가 있었습니다. 많은 이들은 바울의 설교를 이해하고 율법은 다만 모형과 그림자로서 존재하던 것이었고 이제 구원은 믿음을 통해서만 얻게 된다는 것을 받아들였습니다. 그러나 아직도 많은 유대인들은 예수님을 믿으면서도 평생 지켜오던 율법의 관습들을 버리기를 거부하고 있었습니다. 그래서 사도들의 의견을 듣기 위해 예루살렘 공의회가 열리게 된 것입니다.

그곳에서 결정된 것은 구원은 오직 믿음으로 얻는다는 것이 맞다는 것입니다. 다만 유대인들과 이방인들이 같은 교회 안에서 생활해야 하는 상황이므로 유대인들이 전통적으로 혐오해 왔던 것은 성도들 사이의 평화를 위해 멀리해야 한다는 것이었습니다. 그들이 멀리하기로 한 것은 우상의 더러운 것과 음행과 목매어 죽인 것과 피의 네 가지였습니다(행 15:20). 쉽게 말해서 유대인 성도들과 이방인 성도들이 교회에서 함께 식사를 하게 될 경우 일부러 선지해장국을 메뉴로 내놓지는 말라는 것입니다.

제2차 전도여행

제2차 전도여행은 사도행전 15장 40절부터 18장 22절까지 기록되어 있습니다. 기간은 주후 47년(늦을 경우 48년 초)부터 51년 6월(혹은 11월)까지입니다. 구성인원은 바울과 실루아노(실라) 그리고 디모데입니다.

바나바와의 다툼

처음에는 바울과 바나바가 함께 여행을 떠날 생각이었습니다. 그런데 바나바가 이번에도 마가 요한을 데리고 가자고 하자(행 15:37) 바울이 이에 대해 심하게 반대합니다. 밤빌리아에서 그 험준한 타우루스 산맥을 앞에 두고 자신들만 남겨 놓은 채 예루살렘으로 떠나갔던 젊은이를 또 데려가기는 싫었던 것입니다(행 15:38). 그래서 결국 따로 전도여행을 떠나게 되었습니다. 바나바는 마가를 데리고 구브로 섬으로 가고 바울은 실라와 함께 여행을 떠납니다(행 15:39, 40).

바나바의 두 번째 구브로 여행

그런데 바나바가 마가 요한을 데리고 구브로(키프로스) 섬으로 떠난 것에는 이유가 있을 것 같습니다. 구브로는 마가 요한이 실패한 곳입니다. 첫 번째 전도여행에서 구브로에서 너무 큰 상처를 받았기 때문에 마가 요한은 그곳을 떠나 밤빌리아에 상륙하자마자 혼자 예루살렘으로 떠나가 버렸습니다. 그런데 마가 요한의 사명은 전도자입니다. 여기서 포기해 버리면 평생의 사명을 이룰 수 없습니다. 다른 곳에 가서 성공을 한다 해도 구브로에서의 실패의 경험은 평생 마가 요한을 따라다니며 깊은 상처로 작용할 것입니다.

그래서 바나바는 마가 요한을 데리고 다시 구브로로 갑니다. 그리고 그 전도여행은 성공을 거둡니다. 마가 요한은 훌륭한 전도자가 됩니다. 그래서 나중에는 베드로 사도의 조력자가 됩니다. 그가 얼마나 훌륭한 조력자였는지 베드로는 그를 아들이라고 부릅니다. "택하심을 함께 받은 바벨론에 있는 교회가 너희에게 문안하고 내 아들 마가도 그리하느니라"(벧전 5:13). 그리고 그들이 로마에 가서 전도를 할 때 마가 요한은 베드로의 설교들을 기억하며 복음서를 기록합니다. 그것이 마가복음입니다. 바나바는 매우 훌륭한 스승이었습니다.

바울과 디모데

바울과 실라는 여행을 하던 중 더베(지도 C)와 루스드라(D)에 도착합니다. 그곳은 바울이 제1차 전도여행 때 전도를 했던 곳입니다. 거기서 디모데라는 청년이 바울의 여행에 합류하게 됩니다. 성경에 구체적으로 나오지는 않지만 디모데는 아마 제1차 전도여행 때 바울의 전도를 받아서 기독교인이 된 청년이었을 것입니다. 그는 처음부터 끝까지 충성된 모습을 보여줍니다. 바울이 쓴 서신서 곳곳에 그의 이름이 등장합니다. 나중에 제3차 전도여행 때 바울이 에베소 교회를 잠시 떠나 마게도냐와 아가야 지역을 여행하게 되었을 때, 그는 디모데에게 에베소 교회를 맡깁니다. 그동안 디모데에게 보낸 편지가 디모데전서입니다.

그림: 제2차 전도여행

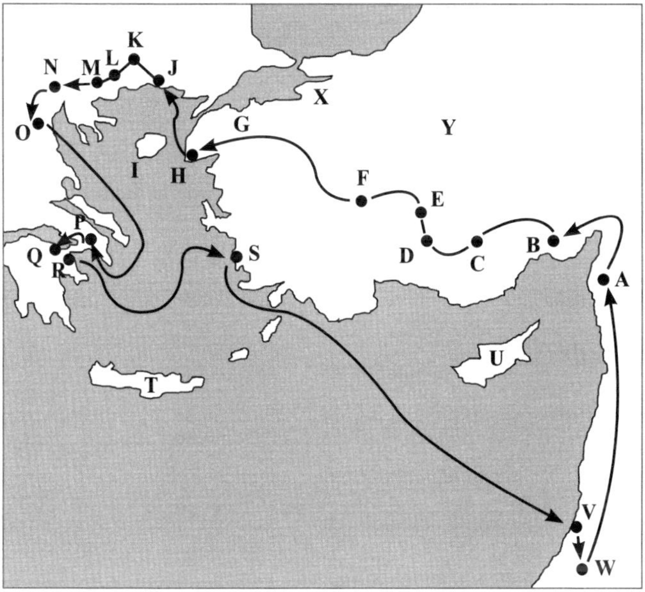

A: 수리아(시리아) 안디옥, B: 길리기아 다소, C: 더베, D: 루스드라,
E: 이고니온, F: 비시디아 안디옥, G: 무시아 지역, H: 드로아(트로이),
I: 사모드라게 섬, J: 네압볼리, K: 빌립보, L: 암비볼리, M: 아볼로니아,
N: 데살로니가, O: 베뢰아, P: 아덴(아테네), Q: 고린도, R: 겐그레아,
S: 에베소, T: 그레데(크레타) 섬, U: 구브로(키프로스) 섬, V: 가이사랴,
W: 예루살렘, X: 비두니아 지역, Y: 갈라디아 지역

행로

이제 바울의 제2차 전도여행 경로를 살펴보기로 합니다.

- A. 수리아 안디옥 – B. 길리기아 다소(15:41): 수리아와 길리기아는 둘 다 도시 이름이 아니라 지역 이름입니다. 수리아는 출발지인 안디옥이 속한 곳이고 길리기아는 그 북서쪽에 있는 곳으로서 바울의 고향인 다소가 있는 곳입니다.
- C. 더베 – D. 루스드라(16:1): 바울은 서쪽으로 이동하여 더베와 루스드라에 이릅니다. 이곳은 제1차 전도여행 때 왔던 곳입니다.
- 브루기아 – Y. 갈라디아(6): 이 둘도 지역 이름입니다. 바울은 이 지역을 가로질러 지금의 터키 서쪽으로 향합니다.
- G. 무시아(7) – H. 드로아(8): 무시아는 지역 이름이고 드로아는 도시 이름입니다. 우리가 트로이의 목마라는 그리스 신화를 통해 익히 알고 있는 트로이가 바로 드로아입니다.

그런데 이 부근을 여행할 때 성경에서 가장 이상한 말씀들 중 하나가 등장합니다. 성령께서 아시아에서 말씀을 전하지 못하게 하셨다는 것입니다. "성령이 아시아에서 말씀을 전하지 못하게 하시거늘 그들이 브루기아와 갈라디아 땅으로 다녀가"(행 16:6). 복음 전파도 성령님의 허락이 있어야 가능한 일입니다.

그 다음에 무시아(G)에 이르렀을 때 바울은 비두니아(X)로 가려고 합니다. 비두니아는 터키 반도의 북쪽입니다. 아마도 바울은 터키의 서쪽 끝까지 왔으니 시계방향으로 북쪽을 돌아 안디옥으로 돌아가려 했을 것입니다. 그런데 이 계획은 이루어지지 않았습니다. 왜냐하면 예수님께서 그것을 허락하지 않으셨기 때문입니다. "무시아 앞에 이르러 비두니아로 가고자 애쓰되 예수의 영이 허락하지 아니하시는지라"(행 16:7).

〈바울의 환상〉 바울의 계획이 연이어 성령님에 의해 막히게 되자 바울은 당황합니다. 드로아에 이르렀을 때 바울은 밤에 환상을 봅니다. 그 환상 속에서 마게도냐 사람 하나가 서서 바울에게 "마게도냐로 건너와서 우리를 도우라"(행 16:9)라고 말합니다. 이것을 성령님의 인도하심으로 받아들인 바울은 마게도냐를 향해 떠납니다.

- I. 사모드라게(16:11) – J. 네압볼리(11) – K. 빌립보(12): 사모드라게는 드로아와 네압볼리 사이에 있는 섬 이름입니다. 지금도 같은 이름으로 불리고 있습니다. 네압볼리는 항구도시입니다. 서울의 항구가 인천이고 수리아 안디옥의 항구가 실루기아이듯이 빌립보의 항구는 네압볼리입니다. 지금도 네압볼리 항구에 가면 바울이 이곳에 상륙했음을 기념하는 기념물이 조성되어 있습니다.

〈자주 장사 루디아〉 빌립보에서 기도드릴 곳을 찾던 바울 일행은 지각티스 강가에서 여인들의 무리를 발견합니다(행 16:13). 거기서 자주 장사 루디아를 만나고 그녀를 중심으로 빌립보 교회가 세워지게 됩니다. 자주 장사란 자주빛 옷감을 파는 사람이라는 뜻인데 자주빛 옷감은 당시에 매우 비싼 물품이었습니다. 바울 일행은 귀신 들린 여종을 치료해 준 일 때문에 감옥에 갇히게 되고, 성령의 도우심으로 간수와 그 가족들에게 복음을 전해준 후 감옥에서 풀려나게 됩니다(행 16:31,32).

- L. 암비볼리 – M. 아볼로니아(17:1) – N. 데살로니가(1): 이후 바울 일행은 데살로니가에 가서 약 3주 동안 복음을 전합니다(행 17:2). 거기서 유대인들이 그들을 핍박하자 그 곳의 기독교인들이 바울 일행을 밤에 베뢰아로 보냅니다(행 17:10).
- O. 베뢰아(10): 베뢰아 사람들은 매우 적극적이고 긍정적으로 복음을 받아들였다고 성경이 기록하고 있습니다. "베뢰아에 있는 사람들은 데살로니가에 있는 사람들보다 더 너그러워서 간절한 마음으로 말씀을 받고 이것이 그러한가 하여 날마다 성경을 상고하므로"(행 17:11). 여기 '더 너그러워서'라고 번역된 부분을 과거의 개역한글판 성경에서는 '더 신사적이어서'라고 번역했었는데 헬라어 원문의 의미

는 '마음이 열려 있어서'(open-minded)입니다.

데살로니가에서 바울 일행을 핍박했던 유대인들은 베뢰아까지 와서 그를 잡으려 했습니다(행 17:13). 그래서 믿음의 형제들은 바울을 배에 태워 아덴으로 데리고 갔습니다(행 17:14-15). 실라와 디모데는 아직 베뢰아에 머물러 있었다고 한 것으로 보아(행 17:14) 상황이 매우 급박했음을 알 수 있습니다. 아마도 바울을 죽이려는 자들이 근처까지 왔고, 그래서 빨리 배를 타고 그곳을 떠나는 것이 최선의 방책으로 생각되었을 것입니다. 가장 빨리 출발하는 배를 수소문한 결과 아덴으로 향하는 배가 있음을 알게 되었고 그래서 베뢰아 교인 몇 명과 바울은 그 배를 타고 아덴으로 갔을 것입니다.

- P. 아덴(15): 아덴은 아테네를 말합니다. 지금의 그리스 지역을 당시에는 아가야(Achaia)라고 불렀습니다. 현재 그리스의 수도는 아테네인데 당시 아가야 지역의 수도는 고린도였습니다. 아덴에 무사히 도착한 바울은 자신을 그곳까지 인도해 준 베뢰아 사람들을 돌려보내면서 실라와 디모데를 속히 자신에게 보내 달라고 부탁을 합니다(행 17:15).
- Q. 고린도(18:1): 아덴에서 선노를 한 후 바울은 고린도로 갑니다. 그 때 실라와 디모데가 베뢰아로부터 도착합니다(행 18:5). 바울은 마게도냐 교회들이 걱정이 되었을 것입니

다. 그곳의 교회들을 제대로 굳건히 세우지 못한 상태에서 유대인들에게 쫓겨서 아덴으로 왔기 때문입니다. 그중에서도 데살로니가 교회가 마음에 걸렸던 것 같습니다. 데살로니가에서는 약 3주 동안만 사역을 할 수 있었습니다(행 17:2). 그래서 바울은 젊은 디모데를 데살로니가로 보냅니다. 교회가 제대로 서 있는지를 확인하기 위해서였습니다. 〈데살로니가전후서〉 디모데는 좋은 소식을 가져옵니다. 데살로니가 교회가 잘 부흥하고 있다는 소식이었습니다. 그 소식을 들은 바울은 감사하는 마음으로 데살로니가 교회에 보내는 편지를 씁니다. 그리고 그 편지와 함께 디모데를 다시 그곳으로 보냅니다. 이것이 데살로니가전서입니다. 그리고 나중에 한 번 더 편지를 보내는데 그것이 데살로니가후서입니다.

- R. 겐그레아(18) – S. 에베소(19) – V. 가이사랴(22) – W. 예루살렘(22): 바울 일행은 고린도에 인접해 있는 겐그레아를 거쳐 바다를 통해 에베소로 갑니다. 그리고 다시 배를 타고 이스라엘의 가이사랴로 갑니다.
특이한 것은 성경에는 예루살렘이라는 지명이 등장하지 않는데 모든 이들은 바울이 이 때 예루살렘으로 올라갔다는 사실에 동의하고 있다는 것입니다. "가이사랴에 상륙하여 올라가 교회의 안부를 물은 후에 안디옥으로 내려가서"(행

18:22). 그 이유는 '올라가'라는 단어 때문입니다. 여기서 '올라가다'라는 뜻으로 사용된 헬라어 단어(아나바이노)는 유대인들끼리 사용할 때는 목적지를 따로 표시하지 않아도 당연히 예루살렘을 향해 가는 것을 의미했습니다.

- A. 수리아 안디옥(22): 예루살렘에 가서 교회의 안부를 물은 후 바울 일행은 처음 출발했던 수리아 안디옥으로 돌아왔습니다. 이렇게 해서 제2차 전도여행이 끝나게 됩니다.

제3차 전도여행

제3차 전도여행은 사도행전 18장 23절부터 21장 8절까지에 기록되어 있습니다. 기간은 주후 52년 봄부터 주후 58년(혹은 59년) 오순절까지입니다. 저는 이 여행에 대해 강의를 할 때 이 여행의 별명을 '다지기'라고 부릅니다. 그 이유는 첫째, 제1,2차 전도여행에 비해 새로 교회를 개척한 곳은 거의 없고, 둘째, 많은 시간을 에베소의 두란노 서원에서 말씀을 가르치는 데 사용했기 때문입니다. 바울은 두 번의 전도여행을 통해 한꺼번에 많은 교회들을 세웁니다. 하지만 그런 사역에는 약점이 있었습니다. 그것은 교회의 지도자들을 충분히 말씀으로 양육시킬 시간이 부족했다는 것입니다. 앞에서 살펴본 대로 심지어 데살로니가 교회의 경우에는 세 번의 안식일에 복음을 전한 것이 전부였습니다(행 17:2).

그림: 제3차 전도여행

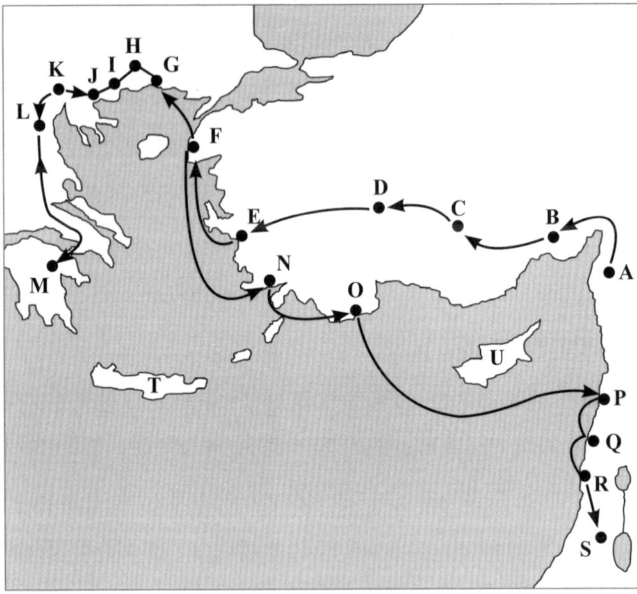

A: 수리아 안디옥, B: 길리기아 다소, C: 이고니온, D: 비시디아 안디옥,
E: 에베소, F: 드로아(트로이), G: 네압볼리, H: 빌립보, I: 암비볼리,
J: 아볼로니아, K: 데살로니가, L: 베뢰아, M: 고린도, N: 밀레도, O: 바다라,
P: 두로, Q: 돌레마이, R: 가이사랴, S: 예루살렘, T: 그레데(크레타) 섬,
U: 구브로(키프로스) 섬

에베소의 두란노 서원

그래서 바울은 세 번째 전도여행에서는 그 동안 전도했던 지역들을 살피며 그들의 믿음을 굳게 만드는 작업을 하기로 했습니다. 두 번에 걸친 전도여행 지역 전체를 놓고 보면 그 중간쯤에 에베소(E)가 위치합니다. 에베소는 항구 도시로서 바울이 전도했던 지역 어디서건 접근하기가 좋은 곳이었습니다. 그래서 바울은 에베소에서 성경을 강론하기로 합니다. 오늘날로 말하자면 그곳에 신학교를 세운 것입니다. 성경에는 에베소의 두란노 서원이라는 곳에서 강론을 했다고 나옵니다(행 19:9). 하지만 두란노 서원이 구체적으로 어디인지는 아직 밝혀지지 않았습니다.

〈강론 기간〉 에베소에서 성경을 강론한 기간은 2년 혹은 2년 3개월인 것 같습니다. 사도행전 19장 8절은 바울이 처음에 석 달 동안 회당에서 강론을 했다고 말합니다. "바울이 회당에 들어가 석 달 동안 담대히 하나님 나라에 관하여 강론하며 권면하되." 그리고 사도행전 19장 10절에는 두란노 서원에서 날마다 강론하기를 두 해 동안 했다고 나옵니다. "두 해 동안 이같이 하니 아시아에 사는 자는 유대인이나 헬라인이나 다 주의 말씀을 듣더라." 두란노 서원이 회당 안에 있는 것이었다면 앞의 3개월이 뒤의 2년에 포함될 것입니다. 하지만 만약 두란노 서원이 회당과는 상관없는 곳이었다면 두 기간은 별

개의 것으로 보아야 할 것입니다. 그럴 경우 에베소에서의 강론 기간은 2년 3개월이 됩니다. 그런데 아직 고고학적으로 두란노 서원이라는 곳이 발견되지 않았기 때문에 확실한 답은 아무도 모릅니다.

중간여행

지도를 놓고 보면 에베소는 앞서 행했던 두 번의 전도여행의 행선지들의 중간쯤에 위치합니다. 바울은 3차 전도여행을 시작할 때 에베소까지 오는 도중에 에베소를 중심으로 그 동쪽에 위치한 곳들을 살피면서 왔습니다. 이고니온(C), 비시디아 안디옥(D), 브루기아 지역 등이 그런 곳입니다. 그리고 에베소에 도착해서는 그곳에서 말씀을 강론하며 오랜 기간을 보냈습니다.

그런데 바울에게는 에베소를 기준으로 서쪽에 있는 교회들도 돌아보고 싶은 마음이 있었습니다. 그래서 마게도냐와 아가야 지역을 돌아보기 위해 중간여행을 떠납니다. 그 행로는 에베소에서 북상하여 마게도냐로 간 후 남쪽으로 방향을 돌려 아가야 지역에 가서 고린도 교회를 살핀 후 다시 왔던 길을 되돌아오는 것이었습니다.

중간여행의 기간

이 중간여행은 얼마나 오래 걸렸을까요? 사도행전 20장 31절에 그 단서가 등장합니다. "그러므로 여러분이 일깨어 내가 삼 년이나 밤낮 쉬지 않고 눈물로 각 사람을 훈계하던 것을 기억하라." 이 구절은 제3차 전도여행을 마치고 예루살렘으로 귀국하는 과정에 등장합니다. 사도 바울이 귀국할 때 그가 탄 배는 에베소에 정박하지 못하고 그 아래에 있는 밀레도(밀레토스) 항에 정박합니다. 그래서 바울은 에베소로 사람을 보내어 에베소 장로님들을 밀레도로 오게 합니다(행 20:17). 그리고 밀레도 해변에서 함께 기도를 하고 대화를 합니다. 그 대화중에 나온 말이 바로 위의 31절입니다.

거기 보면 "내가 삼 년이나"라는 어구가 등장합니다. 우리가 알기로 회당과 두란노 서원에서의 강론 기간은 2년 혹은 2년 3개월입니다. 그런데 바울은 자신이 에베소를 근거지로 삼아 생활한 기간이 모두 3년이라고 말합니다. 그러므로 에베소를 떠나 마게도냐와 아가야를 여행하고 온 기간은 1년 혹은 9개월입니다.

디모데의 에베소 사역

사도 바울이 중간여행을 떠났을 때 에베소에 있는 교회는 누가 맡아서 사역을 했을까요? 디모데입니다. 디모데전서 1

장 3절은 이렇게 말씀합니다. "내가 마게도냐로 갈 때에 너를 권하여 에베소에 머물라 한 것은 …" 바울은 디모데에게 에베소 교회를 맡기고 중간여행을 떠났습니다. 여행 도중에 바울은 디모데에게 편지를 써 보냈습니다. 그것이 디모데전서입니다.

여행을 마침

사도 바울은 배를 타고 와서 두로에 도착합니다(행 21:3). 그리고 돌레마이를 거쳐 가이사랴에서 상륙을 합니다(행 21:7,8). 여기까지를 제3차 전도여행이라고 할 수 있을 것입니다.

구제헌금

제3차 전도여행의 특징들 중 하나는 바울이 예루살렘 성도들을 위한 구제헌금에 신경을 많이 썼다는 것입니다(롬 15:26; 고전 16:1; 고후 8:2,20; 9:5,11,13). 이것은 물론 일차적으로는 가난한 형제들을 돕는다는 취지의 일이었지만 그것보다 더 깊은 신학적인 취지가 있었습니다.

학개 2장 7절은 메시야 시대가 도래하면 발생하게 될 일에 대해 이렇게 말씀합니다. "또한 모든 나라를 진동시킬 것이며 모든 나라의 보배가 이르리니 내가 이 성전에 영광이 충만하게 하리라 만군의 여호와의 말이니라." 바울은 '모든 나라의 보배'가 이른다는 것을 이방인들이 예루살렘 교회를 위하여 드리는 헌금으로 해석했을 것입니다. 그래서 그 헌금을 예루살렘 성도들에게 전달함으로써 예수님이 학개 선지자가 예언했던 그 메시야이심을 증명하려 했을 것입니다.

감옥생활 기간

바울의 감옥생활은 사도행전 21장 27절부터 28장 31절까지에 기록되어 있습니다. 이 기간은 최소한 5년간 계속되었습니다(주후 58/9년부터 주후 63/4년까지). 감금의 장소는 예루살렘, 가이사랴, 로마의 순으로 바뀌었습니다. 감금의 성격은 처음에는 매우 엄격했지만 나중에는 완화된 것으로 변했습니다.

예루살렘

바울은 예루살렘에서 유대인들에 의해 폭행을 당합니다(행 21:28-31). 예루살렘이 소란하다는 소식을 들은 천부장은 군인들을 이끌고 출동하여 바울을 체포합니다(행 21:33). 바울을 고문하여 죄상을 밝히려 했으나 천부장은 그가 로마 시민권자임을 알게 되고(행 22:26) 그런 시도를 포기합니다. 천부장은 다음 날 그를 산헤드린 앞에 세웁니다(행 22:30). 유대인들이 바울을 죽이려 하자 천부장은 로마 시민인 바울을 로마 총독인 벨릭스가 있던 가이사랴로 보냅니다(행 23:31-33).

〈총독의 거주지였던 가이사랴〉 참고로 벨릭스가 가이사랴에 있었던 이유는 로마 총독의 평소 거주지가 가이사랴였기 때문입니다. 예루살렘이 이스라엘의 수도였기 때문에 총독이 예루살렘에 거주하고 있었을 것이라고 생각하기 쉽습니다. 그러나 로마 총독은 가이사랴에 머물렀습니다. 이것은 예수님 당시의 빌라도도 마찬가지였습니다. 예루살렘은 로마인이었던 총독이 볼 때는 정말 재미가 없고 불편한 곳이었습니다. 친구들이 드나들 수 있는 항구도 아니고 전차경주장이나 연극공연장도 없었습니다. 반면 가이사랴는 헤롯 대왕이 세운 계획도시였기 때문에 그 모든 시설들이 갖춰져 있었습니다.

그렇기 때문에 로마 총독은 평소에는 가이사랴에서 생활했습니다. 그러다가 유대인들의 명절이 되면 군사들을 이끌고 예루살렘에 와서 머물렀습니다. 유대인들의 수가 많아지면 반란을 일으킬 위험이 있었기 때문입니다. 그리고 명절이 끝나서 예루살렘이 다시 한산해지면 로마 총독은 군사들을 이끌고 가이사랴로 돌아갔습니다. 평상시 예루살렘의 치안을 책임졌던 사람은 천부장이었습니다. 그렇기 때문에 유대인들이 바울을 때릴 때 천부장이 군사를 이끌고 왔던 것이고, 로마인인 바울이 생명의 위협을 받게 되자 로마 총독이 있던 가이사랴로 그를 보낸 것입니다.

가이사랴에서의 재판

바울은 가이사랴의 벨릭스 총독 앞에서 재판을 받습니다(행 24:1–22). 벨릭스는 바울의 죄를 발견하지 못합니다. 하지만 유대인들의 마음을 얻고자 하여 바울을 2년 동안이나 구류하여 둡니다(행 24:27). 2년이 지났을 때 차기 총독인 베드도가 부임해 옵니다. 베스도는 부임한 지 3일이 되었을 때 예루살렘으로 가서 유대인들의 지도자들을 만납니다(행 25:1). 유대인들은 바울을 예루살렘으로 보내 줄 것을 청합니다. 명목상으로는 예루살렘에서 그를 재판하겠다는 것이었지만 그들의 속내는 바울이 오는 도중에 길에서 그를 암살하려는 것이었습니다(행 25:3). 베스도는 자신이 곧 가이사랴로 돌아갈 것이니 재판을 하고 싶으면 유대인들이 가이사랴로 오라고 말합니다(행 25:5).

드디어 유대인들이 가이사랴에 오고 재판이 열립니다. 유대인들은 로마 총독 앞에서 바울을 공격하지만 그가 로마 실정법을 어겼다는 증거를 제시하지 못합니다. 그런데 유대인들의 마음을 얻고 싶었던 베스도는 바울에게 예루살렘에 가서 다시 한 번 자신 앞에서 재판을 받겠느냐고 묻습니다(행 25:9). 만약 자신이 예루살렘으로 가게 된다면 중간에 유대인들에 의해 암살을 당할 것을 뻔히 아는 바울은 그 제안을 거절하고 자신은 로마 황제 앞에 가서 재판을 받겠다고 청합니다(행 25:11). 그렇게 해서 바울은 로마로 가게 됩니다.

로마 이송과 바울의 죽음

사도행전은 바울이 로마에 도착한 것에서 끝납니다. 우리는 바울이 로마에서 순교한 것을 알고 있습니다. 그는 네로 황제가 기독교인들을 박해하던 주후 64–68년 사이에 순교했습니다.

〈베드로와 바울의 순교〉 이 시기에 사도 베드로도 순교합니다. 우리는 바울과 베드로 중에서 사도 바울이 먼저 순교했을 것이라고 추정합니다. 그 이유는 두 가지입니다. 첫째, 바울은 감옥에 갇혀 있었기 때문에 자유인이었던 베드로에 비해 손쉽게 순교의 제물이 될 수 있었을 것입니다. 둘째, 현재 베드로의 무덤이라고 불리는 장소(로마 대성당)는 남아 있지만 바울의 무덤이라고 알려진 곳은 없습니다. 네로가 기독교인들을 핍박했을 때 초기에는 순교자들의 시신이 집단으로 처리되었고 후기에는 개인적인 매장이 가능했다고 합니다. 이를 근거로 바울의 순교가 베드로보다 더 빨랐을 것이라고 봅니다.

사도행전 28장과 바울의 죽음 사이의 기간

사도행전의 마지막 장인 28장과 바울의 순교 사이의 기간에 대해서는 두 가지 설이 있습니다. 첫 번째 것은 바울이 로마에 도착한 이후 계속 감옥에서 지내다가 순교를 했다는 설입니다. 두 번째 것은 사도 바울이 처음에는 무죄 판결을 받고 풀려나서 활발하게 사역을 하다가 다시 체포되어 순교를 했을 것이라는 설입니다.

두 번째 설의 근거로 사람들이 내세우는 것에는 두 가지가 있습니다. 첫째는 로마서에 보면 바울이 서바나 즉 스페인 선교를 계획하고 있는데 사도행전에는 스페인 선교에 대한 언급이 등장하지 않는다는 것입니다. "이제는 이 지방에 일할 곳이 없고 또 여러 해 전부터 언제든지 서바나[스페인]로 갈 때에 너희에게 가기를 바라고 있었으니"(롬 15:23). "그러므로 내가 이 일을 마치고 이 열매를 그들에게 확증한 후에 너희에게 들렀다가 서바나[스페인]로 가리라"(롬 15:28).

스페인 선교는 하나님께서 바울에게 주신 비전이었을 것입니다. 그렇기 때문에 로마서에서 이렇게 확신 있게 언급하고 있을 것입니다. 그런데 그 비전이 허무하게 이루어지지 않았다는 것은 받아들이기 힘들다는 것입니다.

둘째는 교부 크리소스톰(Ioannes Khrysostomos, 344–407)이 스페인에 처음으로 복음을 전한 사람으로 바울을 거론했다는 것입니다. 크리소스톰은 매우 유명한 교부입니다. 그가 그렇게 말했다면 그것이 사실일 가능성이 높습니다.

그런데 문제는 수많은 교부들 중 오직 크리소스톰 한 사람만 바울이 스페인에 복음을 전했다고 말했다는 데 있습니다. 크리소스톰은 너무 비중이 큰 사람이기 때문에 그의 말을 무시할 수는 없습니다. 그런데 바울의 스페인 전도에 대한 다른 교부들의 추가적인 증언이 전혀 없다는 사실이 우리를 당혹스럽게 합니다. 그렇기 때문에 이 문제에 대해서는 쉽게 결론을 내리기가 힘든 상황입니다. 물론 스페인 사람들은 자신들에게 처음으로 복음을 전한 사람이 사도 바울이었다는 사실에 대해 전혀 의심을 하지 않습니다.

제5장

…

공동서신 개론

* 여기 실린 내용은 제가 쓴 책 "설교자를 위한 공동서신 강해"[서울: 이레서원, 2004], 11-12, 69-71 등을 참조했음을 밝힙니다.

05

공동서신 개론

신약성경의 분류

신약성경을 이루고 있는 27권의 책들을 순서대로 분류하면 다음과 같습니다: 네 권의 복음서, 역사서인 사도행전, 13권의 바울서신, 히브리서, 7권의 서신서, 요한계시록. 이중에서 요한계시록 앞에 위치해 있는 7권의 책들을 공동서신이라고 합니다. 야고보서, 베드로전후서, 요한1,2,3서, 유다서가 그것입니다.

공동서신의 특징들

그 책들을 한 군데에 모아 놓고 공동서신이라고 부르는 데는 이유가 있습니다. 그것들이 나름대로 비슷한 특징을 가지고 있기 때문입니다. 첫째, 그 서신들의 저자는 바울이 아닙니다. 야고보, 베드로, 요한 등 다른 사람들이 쓴 서신들입니다. 둘째, 서신의 성격도 바울의 서신들과는 다릅니다. 바울의 서신들은 묵직한 교리적 주제들을 주로 다루고 있는 반면 공동서신은 성도들의 실제적인 삶과 관련된 윤리적 주제들을 주로 다룹니다. 셋째, 공동서신의 수신자들은 대개 특정한 개인이나 교회가 아니라 보편적인 성도들입니다. '대개'라고 단서를 단 것은 요한이서와 요한삼서 때문입니다. 요한이서의 수신자는 "택하심을 받은 부녀와 그의 자녀들"(요이 1:1)이라고 특정되어 있습니다. 요한삼서의 수신자는 '가이오'라고 하는 개인입니다(요삼 1:1).

이 일곱 편의 서신들에게 공동서신(catholic epistles)이라는 명칭을 붙인 사람은 가이사랴의 유세비우스(Eusebius Pamphilus, 주후 260–340)입니다. 참고로 '카톨릭'(catholic)이라는 단어는 원래 고유명사가 아니라 '일반적인, 보편적인'이라는 뜻의 형용사입니다.

믿음과 행함의 문제

공동서신은 기독교인들이 생각해 보아야 할 많은 실제적인 문제들을 다루고 있습니다. 여기서는 그 중에서 가장 유명한 문제 한 가지만을 다루어 보도록 하겠습니다. 그것은 믿음과 행함의 문제입니다. 다른 문제들은 신학적으로 중요하기는 하지만 이 책에서 다루기에는 너무 주제들이 무거울 것 같습니다.

야고보서는 행함을 강조하는 책으로 유명합니다. 야고보서 2장 17절은 "이와 같이 행함이 없는 믿음은 그 자체가 죽은 것이라"라고 말씀하고, 야고보서 2장 20절은 "행함이 없는 믿음이 헛것인 줄을 알고자 하느냐"라고 말씀합니다. 이런 주장은 행함이 아니라 오직 믿음만이 구원의 방법임을 주장하는 바울서신과 충돌하는 것처럼 보입니다. "그런즉 자랑할 데가 어디냐 있을 수가 없느니라 무슨 법으로냐 행위로냐 아니라 오직 믿음의 법으로니라"(롬 3:27).

바울서신과 야보고서

바울서신의 글을 읽으면 우리가 예수님을 믿기만 하면 천국에 당연히 갈 것 같은데 야고보서를 읽으면 믿은 다음에 행함이 있어야 구원을 얻을 수 있는 것 같습니다. 그래서 두 서신들 사이에 충돌이 있는 것처럼 보입니다. 그런데 사실은 충돌이 있는 것은 아닙니다. 충돌이 있는 것처럼 보이는 이유는 야고보서가 말하는 행함이라는 것이 무엇인지를 우리가 정확하게 이해하지 못했기 때문입니다. 야고보서가 행함이 있어야 한다고 말할 때 그 행함은 세상에서 말하는 어떤 선행의 개념이 아닙니다. 그것은 믿음이 있을 때 자연스럽게 나타날 수밖에 없는 어떤 외적인 표현을 말합니다.

모닥불이 있다고 해봅시다. 그것이 진짜 불이라면 그 위에 손을 얹으면 뜨거워야 하고 그 주변이 밝아야 합니다. 가수들이 노래하는 방송 무대에서 사용하는 모닥불이 있습니다. 그것은 비닐에 모닥불 그림을 그려놓고 아래쪽에서 선풍기 같은 것을 틀어놓은 것입니다. 그래서 방송 화면을 보면 진짜 모닥불 같은데 그 위에 손을 올려도 뜨겁지 않고 조명을 끄면 어둡습니다. 진짜 불이 아니기 때문입니다.

진짜 불이 열과 빛을 발산하듯이 진짜 믿음은 행함을 보인다는 것입니다. 믿음에 행함이 더해져야 한다는 것이 아니라 진짜 믿음에는 반드시 행함이 있어야 한다는 것입니다. 어떤 사람이 믿음이 있다고 고백은 하는데 거기에 합당한 행함은 전혀 보이지 않으면서 살아갑니다. 그러면 그 사람이 구원을 받을 수 있을까요? 없다고 말할 수 있을 겁니다. 왜 없습니까? 믿음은 있는데 행함이 없기 때문에 구원을 못 받는 것이 아니라 그 사람이 행하는 것을 보니 그에게는 구원을 얻을 믿음이 없기 때문에 구원을 못 받는다고 하는 것입니다. 그렇기 때문에 행함은 믿음을 드러내는 수단입니다.

야고보서도 믿음이 있는 자들은 거기에 행함을 더하여야 한다고 말하지 않고 행함은 믿음을 보여주는 수단이라고 말씀합니다. "행함이 없는 네 믿음을 내게 보이라 나는 행함으로 내 믿음을 네게 보이리라"(약 2:18). 행함을 통해 보여줄 수 없는 믿음은 구원받는 믿음이 아닙니다. 마귀들도 하나님이 계신 것을 믿지만 그런 믿음으로는 구원을 받지 못합니다. 그런 믿음은 구원과는 상관없는 헛된 믿음입니다. "네가 하나님은 한 분이신 줄을 믿느냐 잘하는도다 귀신들도 믿고 떠느니라 아아 허탄한 사람아 행함이 없는 믿음이 헛것인 줄을 알고자 하느냐"(약 2:19-20).

세상이 말하는 선행과 야고보서가 말하는 믿음의 행위

야고보가 말하는 행함은 세상이 말하는 선행이 아니라 믿음이 있으면 바깥으로 드러나게 되는 어떤 증거를 말합니다. 그런데 야고보는 사람들이 자신의 글을 읽으면서 그가 말하는 행함을 어떤 선행으로 오해할 것이라는 사실을 알고 있었습니다. 믿음도 있고 선행도 많이 쌓아야 한다고 말입니다. 그래서 야고보는 그 오해를 없애기 위해 구약 성경 중에서 행함의 예를 두 가지 제시합니다.

그 예들을 설명하기 전에 아래의 도표를 봐 주시기 바랍니다. 학생들이 수학시간에 배우는 벤다이어그램이라는 것입니다.

왼쪽 동그라미(A)는 세상에서 말하는 일반적인 선행을 말하고 오른쪽 동그라미(B)는 야고보서에서 말하는 믿음의 행위, 즉 믿음이 있으면 자연스럽게 드러나게 되는 행위를 말합니다. 두 동그라미는 상당 부분 겹치지만 겹치지 않는 부분도

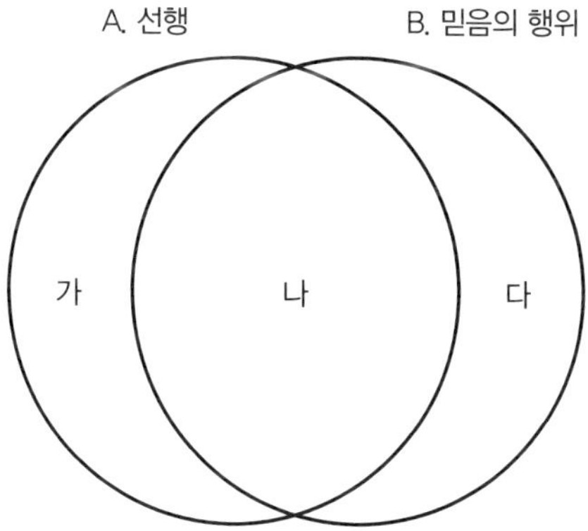

있기 때문에 '가'와 '나' 그리고 '다'의 영역으로 나뉘게 됩니다.

'가' 영역은 세상에서는 선행이라고 부르지만 기독교인들은 선행이라고 부르는 않는 행위들입니다. 어떤 어르신 두 분이 대화를 하면서 어느 집의 며느리를 칭찬합니다. 칭찬의 내용은 그 며느리가 조상들의 제사를 아주 잘 챙긴다는 것입니다. 예수님을 믿지 않는 노인들의 입장에서는 제사를 잘 챙기는 며느리의 행동이 선행으로 보이겠지만 그것은 기독교인의 입장에서는 선행이 아닙니다.

'나' 영역은 세상에서도 선행이라고 부르고 성경적으로도 믿음의 행위라고 볼 수 있는 일들입니다. 이 영역에 해당하는 것은 아주 많습니다. 부모를 공경하는 일, 가난한 자들을 돕는 일, 거짓말을 하지 않는 일 등 대부분의 선행은 이 영역에 속할 것입니다.

'다' 영역은 믿음의 행위로서 기독교인들은 칭찬하지만 세상의 관점에서 볼 때는 선행의 영역에 들지 않는 일들입니다. 어떤 사람이 십일조를 잘 바친다거나 주일 예배를 빼먹지 않고 드린다고 하면 그것은 믿음의 행위로서는 훌륭한 것이지만 세상 사람들이 볼 때는 선행이라고 할 수 없는 일입니다.

야고보서가 말하는 믿음의 행위

야고보서에서 말하는 행위가 일반적으로 세상에서 말하는 선행을 뜻하는 것이라면 야고보는 행위의 예로서 '나' 영역에 속한 것들을 나열했을 것입니다. 착한 며느리 룻의 이야기도 있고, 요나단과의 약속을 지키기 위해 그의 아들에게 선행을 베풀었던 다윗왕의 이야기도 있고, 성경에는 '나' 영역에 속한 예들이 차고 넘칩니다. 그런데 만약 그렇게 했다면 사람들은 야고보서를 읽으면서 믿음만으로는 충분하지 못하고 거기에 선행을 추가해야 구원을 받는다는 뜻으로 오해할 것입니다. 그래서 야고보는 '나' 영역이 아니라 '다' 영역에 속한 예를 제시합니다. 그것도 아주 극단적인 예들만을 뽑아 제시합니다. 그것은 아브라함과 라합의 예입니다.

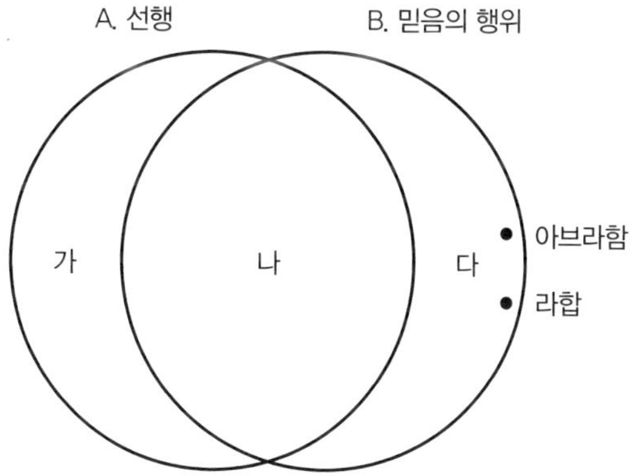

〈아브라함의 예〉 먼저 아브라함의 예를 봅니다. 그것은 아브라함이 아들 이삭을 모리아 땅의 산에서 제물로 바치려고 한 예입니다. "우리 조상 아브라함이 그 아들 이삭을 제단에 바칠 때에 행함으로 의롭다 하심을 받은 것이 아니냐"(약 2:21).

이것은 믿음의 눈으로 보면 매우 훌륭한 행함입니다. 아브라함은 이삭을 통하여 자손이 번성하게 해 주겠다고 하신 하나님의 언약을 굳게 믿었습니다. 그렇기 때문에 비록 자신이 지금 이삭을 죽인다 해도 하나님께서 그를 다시 살리실 것을 믿었습니다. "아브라함은 시험을 받을 때에 믿음으로 이삭을 드렸으니 그는 약속들을 받은 자로되 그 외아들을 드렸느니라 그에게 이미 말씀하시기를 네 자손이라 칭할 자는 이삭으로 말미암으리라 하셨으니 그가 하나님이 능히 이삭을 죽은 자 가운데서 다시 살리실 줄로 생각한지라"(히 11:17-19). 그러므로 아브라함이 이삭을 죽이려고 한 행위는 우리가 본받아야 할 놀라운 믿음의 행위입니다.

그러나 아브라함 옆집 사람의 입장에서 이 사건을 바라보면 어떻게 되겠습니까? 옆집에서 살고 있는 노인이 아침 일찍 아들과 함께 길을 떠납니다. 그래서 무슨 일이냐고 물었더니 그가 섬기는 신이 있는데 그 신이 자신의 아들을 제물로 바치라고 명령을 내렸다는 겁니다. 그래서 모리아 땅으로 가서 그 아들을 제물로 바치기 위해 지금 떠나는 것이라고 합니다. 그러면 그 노인을 칭찬할 사람이 있겠습니까? 모든 사람이 다 그 노인을 비난할 것입니다. 이것이 세상의 관점에서 바라본 아브라함과 이삭의 이야기입니다.

〈라합의 예〉 라합은 여리고성의 기생이었습니다. 이스라엘의 정탐꾼 둘이 여리고에 왔을 때 그녀는 그들을 숨겨주었습니다. 그리고 그 대가로 라합과 그의 가족은 나중에 여리고가 망할 때 살아남게 됩니다. 라합의 행위는 믿음의 관점에서 보면 훌륭한 일입니다. 여리고성은 당시 이중(二重)의 성벽을 가진 난공불락의 성이었지만 라합은 이스라엘의 신이신 하나님이 전지전능하심을 믿었습니다. 그래서 가나안 땅을 이스라엘에게 주시기로 한 하나님의 약속을 믿고 그분의 능력에 자신의 생명을 의탁한 것입니다. 매우 훌륭한 일입니다. "또 이와 같이 기생 라합이 사자들을 접대하여 다른 길로 나가게 할 때에 행함으로 의롭다 하심을 받은 것이 아니냐"(약 2:25)

하지만 세상의 관점에서 그 이야기를 보면 어떻게 됩니까? 우리나라에 전쟁이 일어나기 전에 적의 정탐꾼들이 우리나라에 들어옵니다. 그런데 어떤 여인이 그들을 숨겨주어서 그 정탐꾼들이 무사히 자기 나라로 돌아갑니다. 나중에 그 나라가 우리나라를 침략해 왔을 때 그 여인이 살던 도시의 다른 사람들은 다 죽었지만 그 여인과 그 가족은 살아남았습니다. 이것이 객관적인 시점에서 바라본 라합 이야기입니다. 누가 라합을 칭찬하겠습니까?

그런데 왜 야보고는 이와 같은 극단적인 예들을 행함의 예로 제시합니까? 자신이 지금 강조하고 있는 행함이라는 것이 세상에서 말하는 선행이 아니라는 겁니다. 참된 믿음이 있다면 당연히 드러나게 되는 실천을 말하는 것이지 믿음이 있어도 거기에 선행을 쌓아야 구원을 얻는다는 것이 아니라는 것입니다. 그래서 '나' 영역이 아니라 '다' 영역에 속한, 그것도 아주 극단적인 성격을 가진 예들만을 소개하고 있는 것입니다.

행함이 없는 믿음은 그 자체가 죽은 것이라

그러므로 야고보서는 믿음에 행함이 덧붙여져야 구원을 얻는다고 주장하는 책이 아닙니다. 구원을 얻는 참된 믿음에는 행함이 반드시 따라야 함을 강조하는 책입니다. 그러므로 내가 믿음은 있는 것 같은데 그 믿음이 아무런 실천도 일으키고 있지 않다면 심각하게 고민을 해야 합니다. 왜냐하면 야고보서 2장 17절은 "이와 같이 행함이 없는 믿음은 그 자체가 죽은 것이라"라고 말씀하고 있기 때문입니다.

여기서 '그 자체가'라고 번역된 헬라어 원문의 의미는 '애초부터, 처음부터'입니다. 처음에는 믿음이 있었는데 행함이 없다보니 중간에 믿음이 죽어버린 게 아닙니다. 행함이 없다면 그런 믿음은 처음부터 구원을 받을 만한 믿음이었던 적이 없었다는 것입니다. 우리는 이 말씀을 읽으며 두려워해야 합니다.

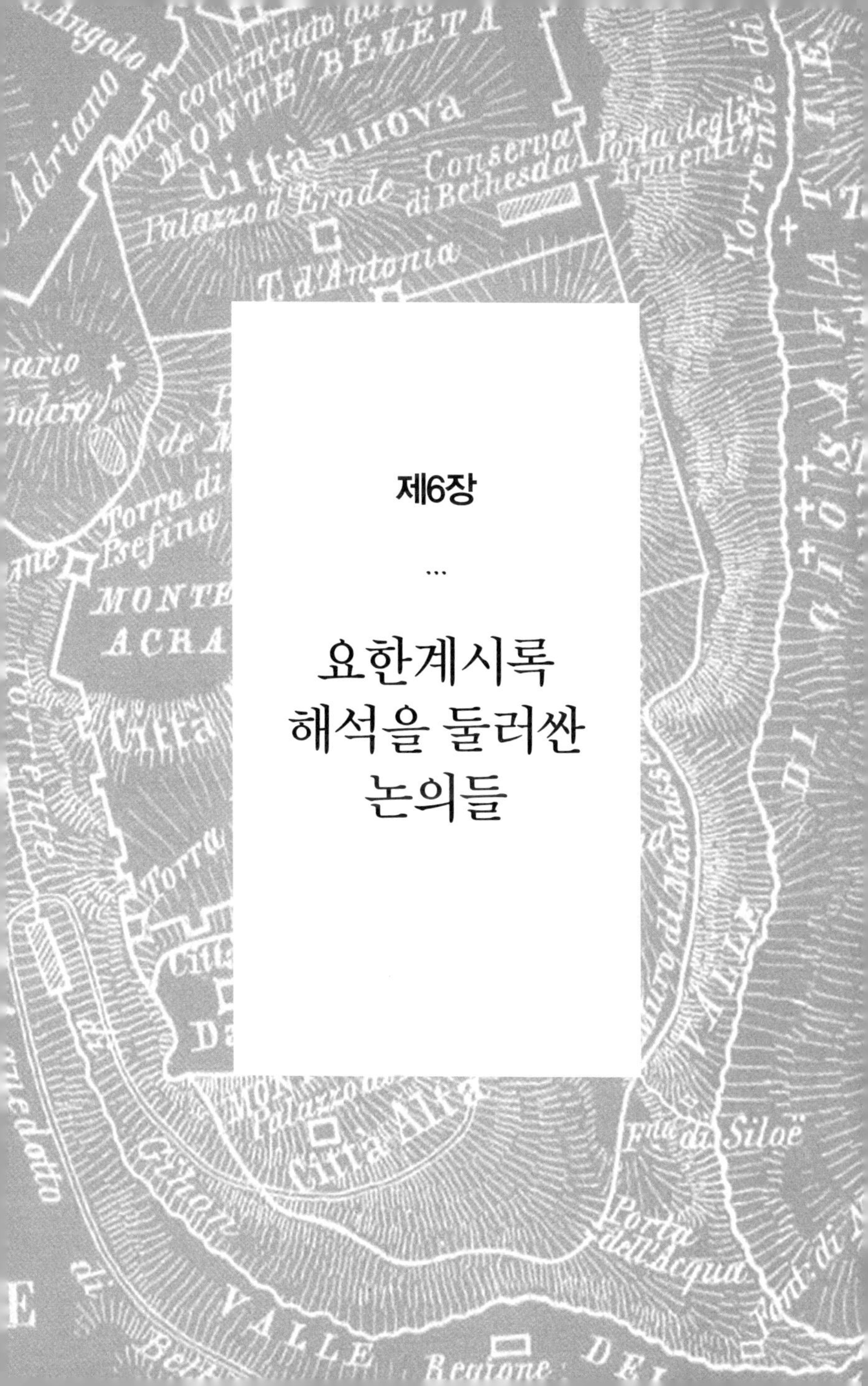

제6장

…

요한계시록 해석을 둘러싼 논의들

06

요한계시록 해석을 둘러싼 논의들

요한계시록의 장르

요한계시록은 많은 분들이 관심을 가지고 있는 책입니다. 그런데 참 어려운 책이기도 합니다. 이곳에서는 요한계시록을 읽기 전에 우리가 미리 알고 있으면 좋을 내용들을 추려서 설명해 드리려고 합니다.

요한계시록에 대해 알기 위해서는 우선 그 책의 장르를 알아야 합니다. 우리가 어떤 책의 글을 읽을 때 그것이 시인지, 소설인지, 아니면 논설문인지를 알아야 이해를 빨리 할 수 있는 것과 마찬가지입니다. 사람들은 대개 요한계시록의 장르를 세 가지로 이야기합니다. 그것은 묵시문헌, 예언서, 서신서입니다. 하나씩 살펴보도록 하겠습니다.

묵시문헌

요한계시록의 장르가 묵시문헌이라는 것은 그 첫 구절에서 나타납니다. "예수 그리스도의 계시라"(계 1:1). 여기서 '계시'라고 번역된 단어가 묵시문헌이라고 할 때의 '묵시'와 같은 것입니다. 묵시문헌이란 선지서(예언서)의 특수한 형태라고 보시면 됩니다.

나라가 망하기 전에는 선지자들이 평범한 언어로 백성들에게 하나님의 말씀을 전하면 됩니다. '우상을 버리고 하나님께로 돌아오시오. 악을 그치고 선을 행하시오. 가난한 자들을 핍박하지 마시오'라고 말입니다. 하지만 나라가 망하고 종살이가 시작되고 나면 그런 메시지를 전할 수 없게 됩니다. 왜냐하면 두 가지가 크게 변했기 때문입니다.

첫째, 윤리적인 메시지는 의미를 잃게 됩니다. 선을 행하라는 메시지는 내가 선을 행할지 아니면 악을 행할지 선택할 수 있는 자유가 있을 때에만 의미가 있는 것입니다. 바벨론에 의해 나라가 망해서 적국으로 끌려갔습니다. 그곳에서 아무런 자유도 없이 강제노역에 시달리고 있는 사람들에게 '착하게 사시오'라고 말하는 것은 아무 의미도 없습니다.

둘째, 적들에 대한 직설적인 예언이 불가능해집니다. 로마에 의해 나라가 망하기 전에는 '하나님께서 로마를 치실 것이다'라고 말해도 괜찮습니다. 하지만 로마에 의해 나라가 망한 다음에 그런 말을 할 수 있습니까? 그런 말을 했다가는 당장 죽게 될 것입니다.

그렇기 때문에 윤리적인 결단을 요구하기보다는 현재의 고난을 잘 참고 견딜 것을 요구하며, 적들에 대해서는 조심스럽게 상징적인 표현들을 사용하여 말하는 예언서들이 등장하게 됩니다. 이런 것들을 묵시문헌이라고 합니다. 묵시문헌은 구약성경 가운데도 있습니다. 이를테면 다니엘서 7-12장, 스가랴 12, 14장 등을 보통 묵시문헌이라고 말합니다.

신구약중간기의 묵시문헌

그런데 신구약중간기에 재미있는 현상이 발생합니다. 신구약중간기란 구약의 마지막 선지자인 말라기와 예수님의 탄생 사이의 기간을 말합니다. 약 400년 정도 됩니다. 이 기간에 유대인들은 많은 어려움을 겪었습니다. 그런데 하나님께서 선지자를 보내 주시지 않았습니다. 그러자 지도자들은 애가 탔습니다. 백성들을 위로하고 그들에게 고통을 견딜 힘을 주어야 하는데 하나님의 계시를 받은 선지자가 나타나지 않는 것입니다.

그래서 그들 중 일부가 직접 묵시문헌을 쓰기로 했습니다. 구약의 묵시문헌은 하나님의 영감을 받은 선지자들이 쓴 것이었지만 이들은 그냥 자신들의 상상력을 동원해서 문학작

품을 쓰기로 한 것입니다. 그래야만 백성들을 위로할 수 있었기 때문입니다. 그런데 그들이 쓴 책들이 효력을 발휘했습니다. 백성들이 그 책을 읽으며 위로와 힘을 얻은 것입니다. 그래서 많은 사람들이 묵시문헌을 저술했습니다. 그 결과 신구약중간기에 묵시문헌이라고 하는 하나의 문학적 장르가 형성되게 되었습니다.

신구약중간기 묵시문학의 특징

그런데 여기서 우리가 기억하고 넘어가야 할 특징이 있습니다. 그것은 종교적 엘리트층은 묵시문헌에 관여를 하지 않았다는 것입니다. 랍비와 제사장 등의 종교 엘리트층은 오직 토라 즉 구약성경에만 관심을 기울였습니다. 그들은 묵시문헌을 쓰지도 않았고 읽지도 않았습니다. 신구약중간기 때 묵시문학은 평민들이 생산하고 소비했던 문학운동이었습니다.

그런데 하나님께서 신약성경 제일 마지막 책인 요한계시록을 우리에게 주시면서 그 문학적 장르를 묵시문헌으로 해주셨습니다. 하나님께서는 우리에게 성경을 주실 때 그 문학적 틀은 기존의 장르를 이용하시면서 그 내용은 하나님의 계시로 채우시는 경우가 많습니다. 이를테면 시편의 경우 그 문학적 장르는 당시 중동지역에서 흔히 발견되는 시문학입니다.

신구약중간기 묵시문헌의 특징

이제 신구약중간기 묵시문헌의 특징을 살펴보려고 합니다. 신구약중간기 묵시문헌은 하나님의 계시가 아니라 인간들의 창작물입니다. 하지만 요한계시록의 주된 문학적 장르가 묵시문헌이기 때문에 이것을 이해해 두면 요한계시록을 이해하는 데 도움이 됩니다.

〈현세에 대한 비관론〉 일반적인 선지서가 아직 나라가 망하기 전에 기록된 반면 묵시문헌은 이미 나라가 망한 후에 기록되었다고 했습니다. 그렇기 때문에 묵시문헌에서는 현실에 대한 이해가 항상 부정적입니다. 지금이 좋은 시절이라고 쓰고 있는 묵시문헌은 없습니다.

〈결정론〉 결정론이란 인간의 역사가 하나님의 의해 미리 다 정해졌다고 보는 이론입니다. 고난을 당하고 있던 유대인들은 이해할 수 없는 것이 있었습니다. 그것은 하나님께서 우리를 정말로 사랑하시고 또 전지전능하신 분이라면 왜 우리가 이런 고통을 당하는가 하는 것이었습니다. 둘 중에 하나는 아니어야 합니다. 사랑은 있으신데 능력이 없으시거나 능력은 있지만 사랑이 없으셔야 합니다. 그들이 섬기는 하나님이 그들을 사랑하시는 분이고 또 전지전능하신 분이신데 그들이 그런 참혹한 고통을 당하고 있다는 사실을 도저히 이해할 수가 없었습니다.

여기에 대해서 묵시문헌 작가들은 이런 대답을 내놓았습니다. '하나님께서는 천지를 창조하실 때 계획을 다 세우셨다. 그런데 하나님의 계획 속에는 하나님을 잘 섬기는 사람들이 번성하고 잘 사는 시기도 있지만, 우리는 그 이유를 이해할 수 없지만, 하나님을 경외하는 의인들이 고난을 당하는 시기도 있다. 그런데 안타깝게도 바로 지금이 그런 시기이다. 그렇기 때문에 우리가 고난을 당하는 것이다.' 이렇게 해 놓으면 하나님의 백성들에 대한 하나님의 사랑과 하나님의 전지전능하심을 훼손하지 않으면서도 현재 그들이 당하고 있는 고난을 설명할 수 있게 됩니다. 이것을 결정론이라고 합니다.

〈종말의 임박성 강조〉 사람들은 하나님께서 인간의 역사를 결정해 놓으셨다는 설명을 듣고 안심합니다. 그런데 그 다음에 질문이 또 떠오릅니다. 우리가 당하고 있는 이 고난이 언제까지 지속될 것이냐 하는 것입니다. 여기에 대해서 묵시문헌 작가들이 너무 긴 기간을 제시하면 안 됩니다. 앞으로 수백 년 동안 이런 고통이 계속될 것이라고 한다면 백성들은 낙심할 것입니다.

그렇기 때문에 그들은 하나님께서 역사에 개입하셔서 이 고난을 끝내 주실 시간이 얼마 남지 않았다고 설명했습니다. 그래서 묵시문헌은 항상 종말의 임박성을 강조합니다. 사람들로 하여금 희망을 가지고 현실의 고통을 견딜 수 있도록 해 주는 것입니다.

〈상징적인 언어, 꿈, 환상들의 사용〉 나라가 망한 다음에는 그들을 다스리고 있는 지배자들에 대해 함부로 비판적인 글을 쓸 수가 없습니다. 그래서 고난을 당하는 백성들끼리는 이해할 수 있지만 지배자들은 읽어도 무슨 뜻인지 알 수 없는 상징적인 표현들을 사용하여 글을 쓰게 됩니다.

〈계시를 전해 주는 유명한 사람이나 천사의 존재〉 묵시문헌을 쓸 때 작가 자신이 하나님의 비전을 스스로 알아서 보았다고 하는 것보다는 독자들이 알고 있는 구약의 유명한 인물이나 천사의 안내에 따라 비전과 환상을 보았다고 하면 그것의 권위가 더 높아지게 됩니다. 그래서 묵시문헌에는 유명한 인물이나 천사가 흔히 등장합니다.

〈초자연적 심판과 구원〉 나라가 망해 버렸기 때문에 정상적인 방법으로는 악인이 심판을 받고 의인이 구원을 받을 방법이 없습니다. 그렇기 때문에 묵시문헌에는 초자연적 방법에 의한 심판과 구원이 등장합니다.

〈구약 역사상 유명한 인물들을 저자로 내세움〉 묵시문헌을 쓰는 이유는 백성들이 그것을 읽고 위로와 힘을 얻도록 하기 위해서입니다. 그런데 묵시문헌 작가는 대개 그렇게 유명하지 않은 사람들이었습니다. 종교적 엘리트였던 랍비들과 제사장들은 묵시문헌에 관여하지 않았음을 앞에서 설명했습니다. 그렇기 때문에 묵시문헌 저자들은 구약의 유명한 인물들을 자기 대신 저자로 내세웠습니다.

구약 인물들 중에서도 저서가 있을 것 같은데 없는 사람들을 선호했습니다. 삼백 년 동안 하나님과 동행했던 에녹(창 5:22)이나 예레미야의 제자였던 바룩 같은 인물이(렘 36:4) 그 예입니다. 오늘날 같으면 정직하지 못한 행위라고 비판을 받았겠지만 그 당시 사람들은 그런 행위에 대해 별로 잘못이라고 생각하지 않았습니다. 그렇게 해서라도 백성들을 위로하기를 원했기 때문입니다.

〈엄격한 이분법〉 사람들은 환란을 겪으면 세상을 바라보는 관점이 단순하게 됩니다. 흑백논리로 모든 것을 판단하게 됩니다. 묵시문헌이 쓰이던 당시가 그랬습니다. 그들은 환란을 당하고 있었고 그래서 세상을 두 가지 종류의 것들로만 분류했습니다. 하나님께 속한 것과 사탄에게 속한 것, 하나님의 사람들과 사탄의 사람들, 현재의 악한 시대와 앞으로 도래할 선한 시대, 이런 식으로 말입니다. 그들은 지금 살고 있는 시대는 악한 시대이고 앞으로 천지개벽이 일어나면 의로운 새 시대가 열릴 것이라고 기대했습니다.

묵시문헌에 대한 서구 신학자들의 반감

많은 학자들은 요한계시록의 문학적 장르를 묵시문학으로 봅니다. 그런데 서유럽과 미국의 주류 백인 신학자들은 묵시문학이 요한계시록의 주요한 문학적 장르라는 주장에 대해서 저항감을 가지고 있습니다.

그 이유는 두 가지입니다. 첫째는 신구약중간기 시대에 묵시문헌은 주류 랍비들과 제사장들의 인정을 받지 못했다는 것입니다. 신약성경의 마지막 책인 요한계시록이 신구약중간기 때 주류 문헌으로 인정받지 못한 책들과 장르를 같이 하고 있다는 사실에 대해서 그들은 저항감을 느낍니다. 그리고 둘째 이유는 묵시문헌은 그 특성상 윤리적 결단에 대한 촉구를 결여하고 있다는 것입니다. 서구사회는 개인의 결단과 책임을 중시하는 사회입니다. 그렇기 때문에 그들은 묵시문학이라는 것에 대해 부정적인 느낌을 가지고 있습니다.

하지만 요한계시록의 문학적 장르가 묵시문헌이라는 것은 부정할 수 없는 사실입니다. 그래서 그들은 다른 장르들이 있는지 찾아보았는데 그래서 발견한 것이 선지서(예언서)와 서신서입니다.

선지서

요한계시록 1장 3절은 "이 예언의 말씀을 읽는 자와 듣는 자와 그 가운데에 기록한 것을 지키는 자는 복이 있나니 때가 가까움이라"라고 하여 이 책의 성격이 '예언'임을 말씀합니다. 그리고 요한계시록의 저자는 자신을 구약의 선지자들의 계보를 잇는 사람으로 생각하고 있습니다. "주 곧 선지자들의 영의 하나님이 그의 종들에게 결코 속히 될 일을 보이시려고 그의 천사를 보내셨도다"(계 22:6). 이 구절을 읽으면 요한은 자신을 선지자의 영을 받은 사람으로 인식하고 있었음을 알 수 있습니다.

그리고 구약의 선지서들은 대개 네 가지 요소들을 가지고 있습니다. 그것은 하나님이 그들을 부르심, 하나님의 계시가 주어짐, 그 계시를 선포함, 그리고 계시를 기록함입니다. 그런데 요한계시록에는 이 네 가지 요소들이 모두 등장합니다. 요한계시록 4장 1절은 "이리로 올라오라 이 후에 마땅히 일어날 일들을 내가 네게 보이리라"라고 하여 하나님께서 요한을 부르시는 장면을 보여주고 있습니다. 하나님이 요한에게 계시를 주시고 그가 그것을 선포하는 장면은 요한계시록 전체에 걸쳐서 계속 등장하고 있습니다. 그리고 요한은 계시를 처음 보았을 때 밧모 섬에 갇혀 있었습니다. 그러므로 그는 당연히 그것을 기록해 두었다가 나중에 에베소에서 요한계시록을 완성시켰을 것입니다. 그렇기 때문에 사람들은 선지서(예언서)를 요한계시록의 장르 중 하나로 꼽습니다.

서신서

요한계시록 2장과 3장은 일곱 교회에 보내는 편지들로 구성되어 있습니다. "요한은 아시아에 있는 일곱 교회에 편지하노니"(계 1:4). 그리고 마지막 구절인 요한계시록 22장 21절을 보면 "주 예수의 은혜가 모든 자들에게 있을지어다 아멘"이 있는데 이것은 서신서의 마지막 부분을 연상시킵니다. 이런 것들을 근거로 하여 서구 신학자들은 요한계시록의 장르 중에 서신서를 포함시키는 것을 좋아합니다.

요한계시록 본문의 전개 순서

요한계시록 본문의 순서는 사건들의 순서와 일치하는 것일까요? 즉 4장 다음에 5장의 내용이 성취되고 그런 식으로 순서대로 성취되어 나가다가 제일 마지막에 22장의 내용이 성취되는 것일까요? 아마 평신도분들은 '그게 당연한 거 아닌가? 이런 걸 왜 물어보지?' 하고 생각하실 수도 있습니다. 그런데 그게 그렇게 간단한 문제가 아닙니다. 조금 자세히 설명을 하도록 하겠습니다.

요한계시록 본문의 순서와 사건의 순서 사이의 관계에 대해서는 세 가지 해법이 제시되고 있습니다. 첫 번째는 그 본문들이 연대기적 구조를 가지고 있다고 보는 것입니다. 연대기적 구조란 본격적으로 예언이 등장하는 요한계시록 4장부터 22장까지가 시간 순서대로 진행된다는 것입니다. 두 번째는 본문이 반복진행적 구조를 가지고 있다고 보는 것입니다. 이것은 요한계시록 4장부터 22장까지가 예수님의 초림부터 재림까지의 기간을 몇 번에 걸쳐서(흔히 7번) 반복해서 보여주고 있다는 입장입니다. 세 번째는 요한계시록 본문이 그 두 가지를 적당하게 섞은 혼합적 구조를 가지고 있다는 입장입니다. 설명을 하도록 하겠습니다.

연대기적 구조

요한계시록이 기술하고 있는 사건들이 실제 역사에서도 그 순서대로 그대로 진행될 것이라고 보는 입장입니다. 예를 들면 일곱 인, 일곱 나팔, 일곱 대접은 그 순서대로 역사에서 진행된다고 봅니다.

〈장점〉 이런 해석의 장점은 그것이 매우 직관적이라는 것입니다. 직관적이라는 것은 그냥 성경을 볼 때 마음속에 그것이 자동적으로 떠오른다는 뜻입니다. 요한계시록을 읽어본 독자라면 당연히 4장 다음은 5장, 5장 다음은 6장, 이런 식으로 사건 진행을 예상할 것입니다. 아마 지금 이 책을 읽고 계신 여러분이 신학생이 아니라 평신도라면 '그럼 이런 해석 말고 다른 해석도 있었나?' 하고 의아하게 생각하실 것입니다.

〈단점〉 그런데 연대기적 해석에는 치명적인 단점이 있습니다. 그것은 시간 순서대로 사건들이 일어난다고 할 경우 해석이 불가능하거나 매우 힘든 부분들이 곳곳에 있다는 것입니다. 이를테면 요한계시록 12장을 보면 장차 만국을 철장(鐵杖) 즉 쇠몽둥이로 다스릴 남자가 태어납니다. 사람들은 이 아이가 예수님을 뜻한다는 데 대해 모두 동의합니다. 그런데 왜 예수님이 4장도 아니고 12장에서 태어나시느냐 하는 것입니다. 또 19장 마지막 부분을 보면 사탄 마귀와 그의 추종자들이 예수님과 대항하여 싸우다가 참패를 당해서 완전히 망해버립니다. 그런데 요한계시록 20장 8절을 보면 또 많은 무리의 사람들이 예수님과 싸우려고 몰려드는 것을 볼 수 있습니다. 사건 진행상 굉장히 어색합니다. 연대기적 해석은 이런 단점을 가지고 있습니다.

반복진행적 구조

요한계시록이 그리스도의 초림부터 재림까지의 역사를 서로 다른 관점에서 반복적으로 보여 주고 있다는 견해입니다. 좀 낯선 개념인 것 같지만 우리가 중고등학교 시절에 보았던 국사책을 생각해 보시면 금방 이해가 될 것입니다. 예를 들어 삼국시대에 대해서 설명할 때 어떤 나라가 처음 세워질 때부터 망할 때까지의 전 기간을 그냥 연대기순으로 기술하지 않습니다. 장을 나눈 후에 기술을 합니다. 예를 들어 제1장은 삼국의 형성과 발전이라고 해서 정치적 관점에서 삼국시대를 다루고, 제2장은 삼국의 경제와 문화라고 해서 여러 가지 경제활동과 삼국의 문화적 유산들을 설명합니다.

이와 같이 요한계시록도 예수님의 초림부터 재림까지의 전 기간을 각기 다른 관점에서 여러 번에 걸쳐서 보여 주고 있다고 하는 것이 반복진행적 구조입니다. 가장 대표적인 예를 소개해 드리니까 참고하시기 바랍니다. (출처: William Hendriksen, *More than Conquerors* [Grand Rapids: Baker, 1982], 16-19.)

제1부 1-3장 일곱 교회에 대한 편지. 이것은 모든 시대의 교회들에게도 교훈이 된다.

제2부 4-7장 어린양이 인을 떼심으로 세상에 심판이 임하는 장면들이다.

제3부 8-11장 심판의 7나팔. 교회가 신원되고 보호받으며 승리함을 보여준다.

제4부 12-14장 붉은 용(사단)과 교회의 적대관계를 중심으로 역사를 보여쥬다.

제5부 15-16장 진노의 일곱 대접 장면. 회개하지 않는 자들에 대한 하나님의 심판

제6부 17–19장 바벨론과 짐승들의 멸망

제7부 20–22장 그리스도의 대적들의 멸망, 마지막 심판, 그리스도와 교회의 최종적 승리

〈장점〉 반복진행적 구조도 장점과 단점을 가지고 있습니다. 반복진행적 구조의 장점은 연대기적 구조에서 설명하지 못했던 부분들을 잘 설명해 준다는 것입니다. 연대기적 구조에서는 왜 예수님께서 12장에서 태어나시는지 설명하지 못했습니다. 그런데 반복진행적 구조에서는 제4부가 12장에서 시작됩니다. 예수님의 초림과 12장이 일치합니다.

또 연대기적 구조에서는 19장 마지막에서 예수님과 적그리스도와의 전쟁이 완전히 끝난 것으로 되어 있는데 왜 20장에서 예수님을 대적하는 전쟁이 또 일어나는지 설명하기 힘들었습니다. 반복진행적 구조에서는 이것이 깔끔하게 설명됩니다. 19장 마지막이 인류 역사의 마지막이 맞습니다. 20장부터는 다시 예수님의 초림부터의 역사가 설명됩니다.

〈단점〉 반복진행적 구조의 단점은 그것이 전혀 직관적이지 않다는 것입니다. 위에서 가장 대표적인 본문 구분을 소개해 드렸습니다. 그런데 평소에 요한계시록을 읽으면서 이런 구분을 인식하셨던 분은 아무도 없을 것입니다. 이를테면 11장 마지막을 읽으면서 '이제 인류 역사가 끝났구나' 하시다가 12

장을 보시며 '흠, 이제 예수님의 탄생부터 역사 설명이 다시 시작되는군'이라고 생각하셨던 분은 아마 없을 것입니다. 이것은 매우 심각한 약점입니다

혼합적 구조

혼합적 구조란 위의 두 이론들을 적절하게 섞어 놓은 것입니다. 즉 기본적으로는 시간 순서대로 본문의 역사가 진행된다는 연대기적 구조를 따르면서 중간 중간에 시간 순서와는 상관없는 환상들이 삽입되어 있다고 보는 것입니다.

이것은 영화나 드라마를 생각해 보시면 됩니다. 그것들은 기본적으로 시간 순서대로 진행됩니다. 하지만 중간 중간 시청자들의 이해를 돕기 위해 과거에 일어난 사건들을 다시 보여 주기도 하고 미래에 일어날 사건 혹은 주인공이 상상하는 미래의 상황을 보여주기도 합니다.

요한계시록이 그렇다는 것입니다. 일곱 인과 일곱 나팔, 일곱 대접들과 같은 커다란 줄거리들은 연대기적 구조를 따릅니다. 하지만 14만 4천의 성도들의 이야기라던가 순교하는 두 증인의 이야기라든가 하는 것은 시간 순서와는 상관없이 삽입되었다는 것입니다. 이것은 앞에서 설명해 드린 두 이론들의 장점을 모두 따온 것으로서 대단히 강력한 설득력을 지니고 있습니다. 아래에 예를 제시해 드렸으니까 참고하시기

바랍니다. (출처: 안용성, "요한계시록의 서사수사학적 구조," 신학논단 제15권 제2호, 2008년 여름, 431-67). 별표(*)로 시작되는 부분은 연대기적 구조에서 벗어난 부분을 뜻합니다.

* 1-3장	일곱 교회에 보내는 메시지
4-5장	보좌의 어린양
6:1-17	일곱 인(1-6째 인)
* 7장	하나님의 보호
8:1	일곱 인(7째 인), 적막함
8:2-9:21	일곱 나팔(1-6째 나팔)
	첫째 화(8:13, = 5째 나팔)
	둘째 화(9:12, = 6째 나팔)
* 10:1-11:13	예언
11:14-19	일곱 나팔(7째 나팔)
	셋째 화(11:14, = 7째 나팔)
* 12-14장	예언의 책
15-16장	일곱 대접
* 17:1-19:10	부록1: 바벨론
19:11-21:8	천국의 모습
* 21:9-22:9	부록2: 새 예루살렘
* 22:10-21	최종적 권면

요한계시록과 역사와의 관계

앞에서는 요한계시록 본문의 순서가 역사의 전개 순서와 어떤 관계를 맺고 있는지를 살펴보았습니다. 이번에는 요한계시록 본문이 우리 역사의 어느 부분과 연관을 맺고 있는지에 대한 논의를 살펴보도록 하겠습니다. 이에 대해서는 크게 네 가지 해석방법이 있습니다. 그것은 과거주의, 미래주의, 역사주의, 이상주의 해석입니다.

〈선택의 문제〉 아마 지금까지 이 책을 읽어 오신 분들은 마음속으로 '여러 가지 이론들을 소개해 주고는 있는데 도대체 어떤 것이 올바른 것이지? 내가 무엇을 선택해야 한다는 것이지?' 하고 생각을 하실지 모르겠습니다. 요한계시록의 경우에는 마음을 좀 넓히시는 것이 좋습니다. 요한계시록의 해석에 대해서는 훌륭한 믿음과 건전한 신학을 가진 분들끼리도 의견이 나뉘어 있습니다. 그렇기 때문에 제가 설명을 하면서 '이것은 절대로 우리가 받아들일 수 없는 해석입니다'라고 말씀을 드리지 않는 이상 여러분들이 자유롭게 선택을 하시면 됩니다.

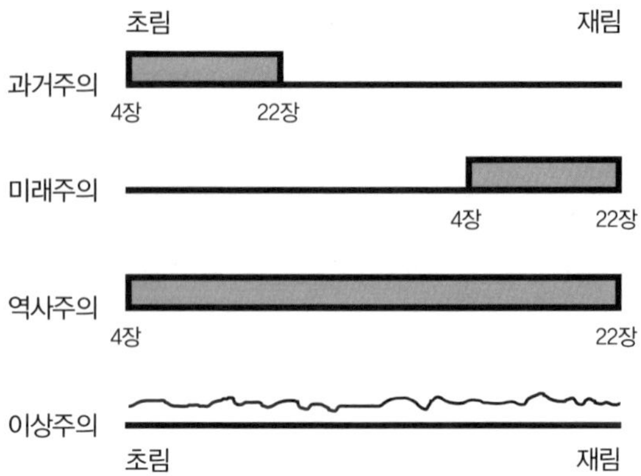

과거주의 해석

과거주의 해석은 요한계시록 4장부터 22장까지의 내용이 먼 미래가 아니라 요한계시록을 처음 받아 보았던 초대교회 성도들의 상황과 연관된 것이라는 해석입니다. 이 해석은 크게 두 가지로 나뉩니다. 그 중 하나는 정통적인 기독교인들이 받아들일 수 있는 것이고 다른 하나는 받아들일 수 없는 것입니다.

〈**받아들일 수 없는 과거주의**〉 먼저 받아들일 수 없는 것을 살펴보겠습니다. 어떤 사람들은 요한계시록을 사후(事後) 예언(vaticinium ex eventu)이라고 합니다. 사후 예언이란 어떤 사건이 이미 일어난 다음에 그 일을 기록하면서 마치 그 일이 일어나기 전에 예언하듯이 기록하는 것을 말합니다. 예를 들어 보겠습니다. 2001년 9월 11일에 미국 뉴욕의 쌍둥이 빌딩이 무너지는 테러가 발생했습니다. 그런데 어떤 사람이 그 사건이 일어난 다음에 글을 쓰고서는 글을 쓴 날짜를 1980년도라고 해놓는 겁니다. 그러면 오랜 세월이 지난 후에 그 책을 발견한 사람들은 그 저자가 정말로 그 사건을 미리 예언했다고 생각할 수도 있을 것입니다.

요한계시록이 이와 같다는 것입니다. 요한계시록의 내용이 사실은 그 당시의 사건들을 말하는 것이고 단지 그것을 예언의 형식을 통해 쓰고 있다는 겁니다. 기독교인들은 이런 입장을 받아들이지 않습니다.

〈받아들일 수 있는 과거주의〉 그렇다면 우리가 받아들일 수 있는 과거주의 해석이란 어떤 것일까요? 그것은 요한계시록이 그 당시의 상황을 설명하며 가까운 미래의 예언을 들려주고 있기도 하지만 또한 인류 역사 마지막에 일어날 사건들을 예언해 주고 있기도 하다는 것입니다.

이것을 이상하게 생각하실 필요는 없습니다. 성경에는 가까운 미래에 대한 예언과 먼 미래에 대한 예언이 한 본문에 섞여서 등장하는 경우가 종종 있습니다. 구약성경을 보면 선지자들이 바벨론에 의해 예루살렘이 멸망하는 날을 예언합니다. 그런데 그들이 묘사하는 것들 중에는 바벨론에 의해서 이루어지는 것이 아니라 인류 최후의 심판의 날 이루어질 일에 대한 예언들도 섞여 있습니다.

또 예수님의 예언에도 그런 것들이 눈에 띕니다. 마태복음 24장, 마가복음 13장, 누가복음 21장을 흔히 종말장이라고 부릅니다. 그곳을 살펴보면 일차적인 예언의 내용은 주후 70년에 로마의 디도(Titus Flavius) 장군에 의해 이루어질 예루살렘 멸망입니다. 하지만 그 본문 속에는 인류 마지막 날 최후의 심판 직전에 발생하게 될 사건들이 함께 등장합니다.

이와 같이 성경에는 그 당시 사람들이 알아들을 수 있는 내용과 먼 미래에 발생할 일에 대한 예언이 섞여 있는 경우가 있는데 요한계시록 본문도 그렇다는 것입니다. 이런 해석은 우리가 배척할 이유가 없습니다. 요한계시록 1장 3절을 보면 "이 예언의 말씀을 읽는 자와 듣는 자와 그 가운데에 기록한 것을 지키는 자는 복이 있나니 때가 가까움이라"라고 말씀합니다.

그들에게 요한계시록의 내용을 읽고 듣고 실천하라고 하신 것은 요한계시록의 내용이 당시의 성도들에게도 의미가 있었다는 뜻입니다. 요한계시록을 기록하신 목적이 먼 미래의 성도들만이 아니라 그 당시 고통 받고 있던 성도들에게도 위로를 주시고자 하는 것이었다는 것입니다. 요한계시록은 그 당시 성도들이 읽으면서 자신들의 이야기라고 인식할 수 있고, 또 먼 미래에 역사 마지막 순간에 살아가게 될 성도들도 그것을 읽으면서 그것이 자신들의 이야기라고 인식할 수 있는 내용으로 구성되어 있다는 것입니다. 이것은 우리가 받아들일 수 있는 견해입니다.

미래주의 해석

미래주의 해석이란 예수님께서 재림하셔서 최후의 심판을 하시기 직전 몇 년간의 일들을 요한계시록이 집중적으로 기록하고 있다는 해석입니다. 미래주의 해석은 하나님께서 존재하시고 하나님께서 미래의 일들을 계획하시고 또 그것들을 예언으로 우리에게 알려 주실 수 있다는 사실을 믿는 자들만이 받아들일 수 있는 해석입니다. 그렇기 때문에 이 해석은 우리가 배척할 이유가 없는 아주 기본적인 해석입니다.

〈미래주의 해석과 사회 지배층〉 그런데 재미있는 것은 교회가 어떤 시대에 사회의 기득권층, 지배층을 형성했을 때 이 해석이 늘 지지를 받았었다는 점입니다. 그 이유는 매우 단순합니다. 요한계시록에서 왕이나 부자와 같은 사회 지배층은 늘 예수님의 적들로 묘사됩니다. 그런데 교회가 사회의 지배층일 경우 요한계시록의 내용이 현재의 사건을 묘사하고 있다고 한다면 자신들이 예수님의 적이 된다는 결과가 나옵니다. 그것은 받아들일 수 없는 일입니다. 그럴 경우 최선의 해결책은 요한계시록은 지금의 상황과는 아무 상관없는 먼 미래의 일이라고 해석해 버리는 것입니다.

역사주의 해석

역사주의 해석이란 요한계시록 4장부터 22장까지의 내용이 예수님의 초림부터 재림까지의 실제 역사와 하나하나 대응된다고 보는 해석입니다. 이것은 미래주의 해석과는 반대로 각 시대에 핍박을 받았던 성도들이 많이 주장했던 해석입니다. 왜냐하면 요한계시록 속에서 참된 믿음의 성도들은 항상 핍박의 대상이기 때문입니다. 극심한 고난을 당하는 성도들은 요한계시록 속에서 자신들의 이야기를 발견해 내기를 원했습니다. 그래서 그들은 요한계시록이 인간의 역사와 일대일로 대응된다는 그런 해석을 내 놓은 것입니다.

〈역사주의 해석의 단점〉 이것은 물론 믿음이 아주 좋은 분들이 채택했던 해석입니다. 그런데 역사주의 해석에는 결정적인 단점이 있습니다. 그게 뭐냐 하면 그렇게 믿음이 좋고 기도를 많이 하신 분들이 만들어낸 해석이라면 서로 내용이 일치해야 하는데 그 분들의 해석이 전혀 일치하지 않고 있다는 것입니다.

예를 들어 봅니다. 요한계시록에는 동방에서 오는 이만만, 즉 2억의 군대라는 표현이 있습니다. "마병대의 수는 이만 만이니 내가 그들의 수를 들었노라"(계 9:16). 당시 헬라어에는 '억'이라는 단위가 없었기 때문에 '억'을 '만만'으로 표기했습니다. 중세시대 때는 2억의 적군을 유럽 동쪽에 있던 이슬람 세력을 뜻하는 것으로 해석했습니다. 하지만 이슬람 국가들이 19세기에 유럽의 식민지가 된 다음에는 그런 해석이 사라졌습니다. 그리고 20세기에는 동방에서 오는 이만 만의 군대를 중공군이라고 해석했습니다. 하지만 중국이 개방되어 자본주의를 받아들이면서 이 해석도 힘을 얻지 못하고 있습니다.

또 요한계시록 17장에 등장하는 붉은 빛 짐승을 탄 음녀가 있습니다. "내가 보니 여자가 붉은 빛 짐승을 탔는데 그 짐승의 몸에 하나님을 모독하는 이름들이 가득하고"(계 17:3). 이 음녀는 성도들을 핍박합니다. 그런데 이 붉은 빛 짐승의 정체에 대해서 지난 20세기에는 거의 모든 주석가들이 그것을 공산주의라고 해석했습니다. 왜냐하면 공산주의의 상징색이 붉은색이고 많은 성도들이 실제로 공산주의에 의해 핍박을 받았기 때문입니다. 그런데 고르바초프의 페레스트로이카 정책 이후 구소련이 붕괴되면서 공산주의 국가들은 정체성을 잃어버렸습니다. 그래서 요즘은 붉은 용을 공산주의라고 해석하는 주석을 찾아보기 힘듭니다. 역사주의 해석은 무척 믿음이 좋은 분들이 채택한 해석이지만 이와 같이 일관성이 없다는 것이 큰 단점입니다.

이상주의 해석

이상주의 해석이란 요한계시록 본문과 현실 역사를 어떤 식으로든 대응시키려는 노력을 포기하고 요한계시록 본문이 주는 교훈만을 취하자는 견해입니다. 과거주의, 미래주의, 역사주의가 각각 최선을 다해 해석을 시도했지만 만족할 만한 결과를 보이지 못했습니다. 그렇기 때문에 그런 노력은 그냥 포기해 버리고 성경 본문이 제시하는 교훈만을 취하자는 입장입니다. 앞의 그림에서 다른 세 가지 해석들은 어떤 식으로든 요한계시록의 본문과 우리의 역사가 연결되어 있지만 이상주의 해석은 그 둘이 연결되지 않고 서로 떨어져 있는 것을 볼 수 있습니다. 이 해석 역시 장점과 단점을 가지고 있습니다.

〈장점〉 장점은 어떤 시대, 어떤 상황에서든 요한계시록을 읽으며 은혜를 받고 또 그 본문을 바탕으로 설교를 할 수 있다는 것입니다. 특정한 사건과 본문을 연결시켜야 한다는 중압감이 없기 때문에 비교적 수월하게 요한계시록을 본문으로 삼아 설교를 할 수 있습니다.

〈단점〉 그런데 단점이 있습니다. 만약 하나님께서 요한계시록을 우리에게 주신 의도가 단지 그 가운데서 교훈을 얻는 것이었다면 요한계시록의 내용이 너무 방대하고 그 내용이 지나치게 상세하다는 것입니다. '말세가 되면 악한 사탄 마귀가 너희들을 믿음의 길에서 벗어나게 하기 위해 모든 수단과 방법을 가리지 않을 것이다. 그들이 하는 일이 때로는 성공적으로 보여서 당황하기도 할 것이다. 그러나 어려움과 유혹을 끝까지 잘 참고 견뎌라. 그러면 내가 재림하여서 악한 원수들을 물리치고 너희들을 영원한 천국으로 인도할 것이다.' 이것이 요한계시록의 메시지 아닙니까? 이런 간단한 메시지를 전하기 위해서라면 빌레몬서 정도의 크기의 책이면 충분할 것입니다. 그런데 요한계시록에는 여러 사건과 숫자들이 매우 상세하게 등장합니다. 이상주의 해석을 취할 경우, 이 모든 것들이 의미가 없어집니다. 이것이 이상주의 해석의 큰 단점입니다.

천년왕국

요한계시록을 다루면서 천년왕국에 대해서 다루지 않을 수 없습니다. 그것은 요한계시록에서 천년왕국이 중요한 주제이기 때문이기도 하지만 이단들이 등장하여 사람들을 유혹할 때는 거의 항상 천년왕국을 거론하기 때문입니다. 천년왕국이 등장하는 성경 구절은 다음과 같습니다.

"1 또 내가 보매 천사가 무저갱의 열쇠와 큰 쇠사슬을 그의
손에 가지고 하늘로부터 내려와서 2 용을 잡으니 곧 옛 뱀이

요 마귀요 사탄이라 잡아서 천 년 동안 결박하여 [3] 무저갱에 던져 넣어 잠그고 그 위에 인봉하여 천 년이 차도록 다시는 만국을 미혹하지 못하게 하였는데 그 후에는 반드시 잠깐 놓이리라 [4] 또 내가 보좌들을 보니 거기에 앉은 자들이 있어 심판하는 권세를 받았더라 또 내가 보니 예수를 증언함과 하나님의 말씀 때문에 목 베임을 당한 자들의 영혼들과 또 짐승과 그의 우상에게 경배하지 아니하고 그들의 이마와 손에 그의 표를 받지 아니한 자들이 살아서 그리스도와 더불어 천 년 동안 왕 노릇 하니 [5] (그 나머지 죽은 자들은 그 천 년이 차기까지 살지 못하더라) 이는 첫째 부활이라 [6] 이 첫째 부활에 참여하는 자들은 복이 있고 거룩하도다 둘째 사망이 그들을 다스리는 권세가 없고 도리어 그들이 하나님과 그리스도의 제사장이 되어 천 년 동안 그리스도와 더불어 왕 노릇 하리라"(계 20:1–6).

천년왕국의 시기에 따른 분류

천년왕국이 언제 있을 것인가에 대해서는 다음 그림과 같은 세 가지 주장이 있습니다. 첫 번째 것은 전천년설 혹은 천년기전 재림설이라고 하는 것인데 천년왕국이 있기 전에 예수님께서 재림을 하신다는 것입니다. 두 번째 것은 후천년설 혹은 천년기후 재림설이라고 하는 것인데 지상에서 인간들끼리 먼저 천년왕국을 이루고 천년왕국이 끝났을 때 예수님께서 재림하신다는 것입니다. 세 번째 것은 현(現)천년설 혹은 무(無)천년설이라고 하는 것인데 지금 우리가 살고 있는 시대 즉 예수님의 초림부터 재림까지의 시대가 바로 천년왕국 시대라고 하는 것입니다. 특정한 천년이 없다는 의미에서는 무천년설이라고 하고, 현재 우리가 살고 있는 이 시대가 바로 천년왕국이라는 의미에서는 현천년설이라고 합니다.

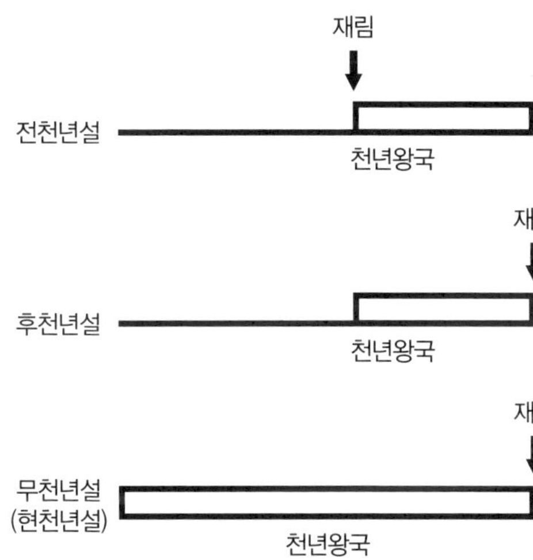

후천년설

후천년설이란 천년왕국이 지상에서 이루어지고 난 후 그 마지막 때 예수님께서 재림하신다는 설입니다. 다시 말해서 천년왕국 자체는 예수님의 적극적인 개입 없이도 지상에서 이루어질 수 있다고 보는 것입니다. 이것은 계몽주의 시대에 나타났습니다. 그 이전 시대에는 전염병으로 많은 사람들이 죽었었는데 백신이 등장하여 전염병들이 하나씩 치료됩니다. 그 이전 시대에는 사람들이 사나워서 툭하면 서로 싸웠었는데 모든 사람들이 다니는 국민학교(Volksschule)가 세워지고 난 후 사람들의 도덕적 수준이 점점 높아져 갑니다.

그래서 사람들은 이대로 잘 진행되기만 한다면 전쟁도 없고 질병도 없는 세상이 도래할 수 있을 것이라고 생각했습니다. 천년왕국은 인간들 스스로 이룰 수 있을 것이라고 말입니다. 그러나 그것은 아무래도 영원한 천국은 아니었기 때문에 마지막 마무리는 예수님께서 오셔서 해 주셔야 한다고 보았습니다. 이와 같은 생각을 후천년설이라고 합니다.

이 후천년설이 깨진 것은 1, 2차 세계대전을 통해서입니다. 유럽인들과 미국 백인들은 자신들이 하나님을 가장 잘 믿고 가장 높은 수준의 문화와 문명을 가지고 있다고 생각했습니다. 그런데 자기들끼리 전쟁을 하여 인류 역사상 가장 참혹한 결과를 만들어 냈습니다. 그러자 그들은 인간들 스스로의 힘에 의해 천년왕국을 이룰 수 있다는 꿈을 포기해 버렸습니다. 그래서 2차 세계대전 이후로는 후천년설을 공식적으로 주장하는 사람은 없습니다.

후천년설의 성경적 근거

후천년설을 주장하는 사람들은 나름대로 성경적인 근거를 가지고 있었습니다. 그것은 마태복음 28장 18절부터 20절까지의 예수님의 명령입니다. 거기 보시면 “내가 너희에게 분부한 모든 것을 가르쳐 지키게 하라”(마 28:20)라는 말씀이 나옵니다. 예수님이 분부하신 모든 말씀을 잘 가르치고 잘 지키다 보면 이 세상에 천년왕국이 이루어질 것이라는 것입니다.

하지만 후천년설에 반대하는 사람들은 지금까지 예수님의 그 말씀을 지키려고 많은 사람들이 노력했지만 세상은 바뀌지 않았는데 앞으로 세상이 변화되어 천년왕국이 이루어질 가능성은 없을 것이라고 주장했습니다.

무천년설(현천년설)

무천년설이란 천 년이라는 기간이 따로 있는 것이 아니라 우리가 살고 있는 지금 이 시대, 즉 예수님의 초림부터 재림까지의 기간 전체가 천년왕국이라고 보는 견해입니다. 이 견해를 취하는 사람들은 앞에서 설명했던 연대기적 구조, 반복진행적 구조, 혼합적 구조 중에서 반드시 반복진행적 구조를 취합니다. 왜냐하면 요한계시록 20장에 천년왕국이 등장하는데 초림부터 재림까지의 시대 전체가 천년왕국 시대라고 하기 위해서는 예수님의 초림이 요한계시록 20장에서 시작된다고 해야 하기 때문입니다.

무천년설에 대한 아주 단순한 반대론

이런 견해에 대한 반대론에는 아주 단순한 것과 조금 복잡한 것이 있습니다. 먼저 단순한 것을 살펴보면 지금 창밖을 쳐다보고 뉴스를 보라는 것입니다. 수많은 전쟁과 갈등과 슬픔의 이야기들이 세상 가득 넘쳐나는데, 이런 것을 보면서 어떻게 지금이 천년왕국 기간이라고 할 수 있느냐는 것입니다.

그리고 무천년설은 반복진행적 구조를 전제로 하고 있기 때문에 반복진행적 구조의 약점이 그대로 무천년설의 약점으로 작용하게 됩니다.

무천년설에 대한 조금 복잡한 반대론

무천년설에 대한 조금 복잡한 반대론은 무저갱과 사탄에 관한 것입니다. 요한계시록 20장 2, 3절은 이렇게 말씀합니다. "2 용을 잡으니 곧 옛 뱀이요 마귀요 사탄이라 잡아서 천 년 동안 결박하여 3 무저갱에 던져 넣어 잠그고 그 위에 인봉하여 천 년이 차도록 다시는 만국을 미혹하지 못하게 하였는데 …" 무천년설을 주장하는 분들은 사탄이 무저갱에 던져지는 사건이 바로 예수님의 십자가로 인해 사탄 마귀가 모든 힘을 잃게 되는 장면이라고 해석합니다. 그리고 그 해석의 근거로 예수님께서 요한복음 12장 31절에서 하신 말씀을 지적합니다. "이제 이 세상에 대한 심판이 이르렀으니 이 세상의 임금이 쫓겨나리라" 여기서 말씀하신 '이제'가 십자가의 때이고 '이 세상의 임금'이 사탄이므로 예수님의 십자가로 사탄 마귀는 세상에서 쫓겨났다는 것입니다.

그런데 이렇게 해석할 경우 요한계시록 20장 7, 8절의 해석이 어려워집니다. "7 천 년이 차매 사탄이 그 옥에서 놓여 8 나와서 땅의 사방 백성 곧 곡과 마곡을 미혹하고 모아 싸움을 붙이리니 그 수가 바다의 모래 같으리라" 사탄 마귀가 무저갱에 던져지는 것을 예수님의 십자가로 인한 사탄의 완전한 패배로 해석한다면 그 반대의 경우도 똑같은 논리로 해석해 줘야 합니다. 즉 사탄 마귀가 무저갱에서 풀려나오는 것은 십자가의 효력이 정지되는 것이라고 말입니다.

그런데 무천년설을 주장하는 분들은 논리적으로 일관되지 못한 모습을 보입니다. 사탄이 무저갱에 던져지는 모습을 설명할 때는 예수님의 십자가의 권세로 인하여 사탄 마귀가 어떻게 패배하게 되고 그 권능을 잃게 되는가 하는 것을 자세하게 설명하지만 무저갱에서 사탄 마귀가 다시 놓임을 받는다는 것에 대해서는 같은 관점에서 설명을 하지 않습니다. 무저갱에 던져진다는 것이 십자가로 인한 패배의 결과라면 무저갱에서 나온다는 것은 십자가의 효력이 정지되는 일로 해석해 줘야 논리적입니다. 그런데 그 부분에 대해서는 침묵합니다. 무천년설은 이 부분에서 논리적으로 큰 결함을 가지고 있습니다.

전천년설

전천년설은 예수님이 재림하심으로 천년왕국이 시작된다는 견해입니다. 그런데 이것은 일차적인 재림이고 천년왕국이 끝난 다음에는 다시 완전한 두 번째 재림이 있다고 주장합니다. 전천년설은 먼저 극심한 환난이 있은 후에 예수님의 재림이 있을 것이라고 말합니다. 그렇기 때문에 전천년설은 기독교 역사에서 환난과 고통을 당했던 성도들이 주로 주장했던 것입니다. 그들은 예수님께서 어서 재림하셔서 그들의 고통을 끝내주시고 영광스러운 천년왕국을 지상에 이루어 주실 것을 소망했습니다. 전천년설은 역사적 전천년설과 세대주의적 전천년설로 나뉩니다.

역사적 전천년설

역사적 전천년설은 비교적 단순합니다. 천년왕국이 이루어지기 전에 지상에 큰 환난이 있고 그 후에 예수님이 재림하십니다. 그 때 적그리스도의 세력이 아마겟돈 전쟁을 일으키는데 예수님께서 승리하셔서 사탄 마귀를 천 년 동안 무저갱

(abyss, 밑바닥이 없는 깊은 굴)에 가두십니다. 천년이 지난 후 사탄 마귀가 풀려나서 사람들을 유혹하여 자기를 따르게 합니다. 그들은 예수님을 대적하여 곡과 마곡의 전쟁을 일으킵니다. 예수님께서 이 전쟁에서 승리하시고 최후의 심판을 하십니다. 생명책에 이름이 기록된 자들은 천국에 가고 그렇지 못한 자들은 지옥에 가게 됩니다.

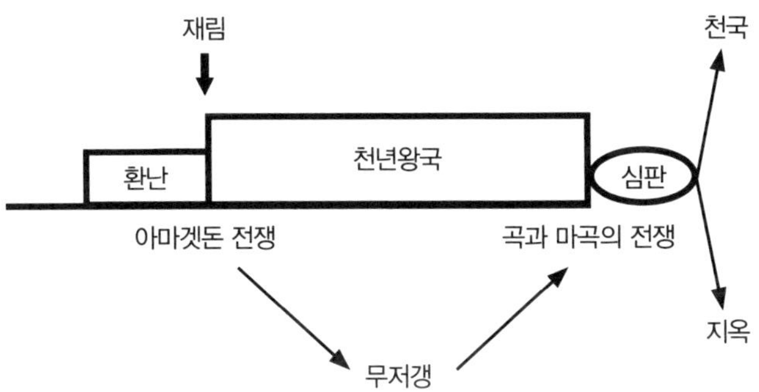

역사적 전천년설의 성경적 근거

역사적 전천년설의 직접적인 성경적 근거는 뜻밖에도 무척 빈약합니다. 그것은 고린도전서 15장 23-26절 말씀입니다.
"23 그러나 각각 자기 차례대로 되리니 먼저는 첫 열매인 그리
스도요 '다음에는' 그리스도 강림하실 때에 그에게 붙은 자요
24 '그 후에는' 나중이니 저가 모든 정사와 모든 권세와 능력을

멸하시고 나라를 아버지 하나님께 바칠 때라 [25] 저가 모든 원수를 그 발 아래 둘 때까지 불가불 왕노릇하시리니 [26] 맨 나중에 멸망 받을 원수는 사망이니라."

고린도전서 15장은 부활을 설명하는 장입니다. 위의 구절은 세 종류의 부활에 대해 말씀합니다. 첫째는 23절이 말하는 예수님의 부활입니다("먼저는 첫 열매인 그리스도요"). 둘째는 23절의 '다음에는'과 24절의 '그 후에는' 사이에 이루어질 부활입니다. 역사적 전천년설을 옹호하시는 분들은 '다음에는' 이후에 소개되는 부활이 천년왕국이 시작될 때의 부활이라고 봅니다. 그리고 24절에서 '그 후에는' 이후에 소개되는 부활은 천년왕국이 끝났을 때의 부활입니다. 즉 24절의 '그 후에는' 앞에 천년왕국이 있다는 것입니다.

〈비판〉 전천년설을 주장하는 분들이 엄청나게 많은 데 비해 직접적인 지지구절은 위의 단락 한 가지뿐입니다. 그런데 이 단락은 큰 약점 두 가지를 가지고 있습니다. 첫째, 역사적 전천년설을 지지하는 구절에 천년이라는 단어가 등장하지 않습니다. 이것은 큰 문제입니다. 둘째, 24절의 '그 후에는'이 천 년 이후라고 주장하는데 '그 후에는'은 천 년 후에 대해서도 사용될 수 있지만 5분 후에 대해서도 적용될 수 있습니다. 즉 이 본문 자체는 천년왕국에 대한 직접적 증거를 제시하지 못하고 있습니다.

역사적 전천년설에 대한 반론

위에서 설명한 지지구절의 난점 외에도 역사적 전천년설은 몇 가지 설명하기 어려운 점들을 가지고 있습니다. 첫째, 천년왕국이라는 게 도대체 왜 필요하냐 하는 질문에 대해 명확한 답을 제시하지 못합니다. 천년왕국이라는 것이 하나님이 정해 놓으신 확고한 어떤 것이라고 한다면 우리는 그것을 증명해 줄 본문을 찾아야 할 것입니다. 그런데 천년왕국이 정말 있어야 하는 것이냐 하는 것에 대해 질문을 제기한다면 그 존재 이유를 제대로 설명할 사람이 거의 없습니다. 지상의 삶도 아니고 완전한 천국도 아닌 어정쩡한 천년왕국이 도대체 왜 세상 마지막에 있어야 한단 말입니까? 그것도 천 년이나 되는 긴 세월 동안 말입니다.

둘째, 천년왕국이 끝난 후에 사탄 마귀가 사람들을 유혹하여 곡과 마곡의 전쟁을 일으킨다고 하는데 이 부분도 참 이해하기 어렵습니다. 우리가 지금 사람들에게 예수님을 믿으라고 하면 많은 이들은 '당신이 예수님을 본 적이 있느냐'라고 말합니다. 그런데 천년왕국이 끝날 때의 사람들은 예수님의 직접적인 통치를 받았던 사람들입니다. 그리고 지금 그들을 유혹하고 있는 사탄 마귀는 천 년 전에 예수님의 의하여 패배를 당했던 존재입니다. 그 사탄 마귀가 지금 그들 앞에 다시 나타나서 자기와 힘을 합하여 예수님을 대적하자고 하는데 수많은 사람들이 그의 말에 동조하여 예수님을 대적하는 전쟁을 일으킨다는 것입니다. 이 상황을 우리는 도저히 이해할 수가 없습니다.

셋째, 성경에는 천년왕국에 대한 반복적인 계시가 결여되어 있습니다. 하나님께서는 중요한 사건에 대해서는 선지자들과 사도들을 통해 늘 반복해서 계시를 해 주셨습니다. 예수님의 탄생, 고난, 부활, 심판, 재림에 대해서는 성경에서 반복적인 계시가 넘쳐납니다. 그런데 이 땅 위에서 천년왕국이라고 하는 것이 세워진다면 이는 굉장한 일입니다. 성경에서 여러 번 반복해서 계시해 주셨어야 합니다. 하지만 천년왕국에 대해서는 오직 요한계시록 20장의 예언이 있을 뿐입니다. 이해하기 힘든 일입니다.

세대주의적 전천년설

세대주의적 전천년설은 역사적 전천년설과 상당히 비슷합니다. 우리가 주의를 기울여야 하는 대표적인 차이 두 가지를 살펴보도록 하겠습니다. 첫째는 예수님의 재림이 두 번에 걸쳐서 이루어진다고 주장한다는 점입니다. 세대주의 전천년설에 따르자면 7년 대환난이 시작되기 전에 예수님께서는 우선 공중 재림을 하십니다. 지상으로는 완전히 내려오시지 않고 공중에만 머무십니다. 그러면 지상에 있던 성도들은 공중으로 휴거하여 공중에서 주님을 영접하게 됩니다. 지상에서 환난이 진행되는 동안 공중에서는 혼인잔치가 진행됩니다. 이것이 역사적 전천년설과의 첫 번째 차이입니다.

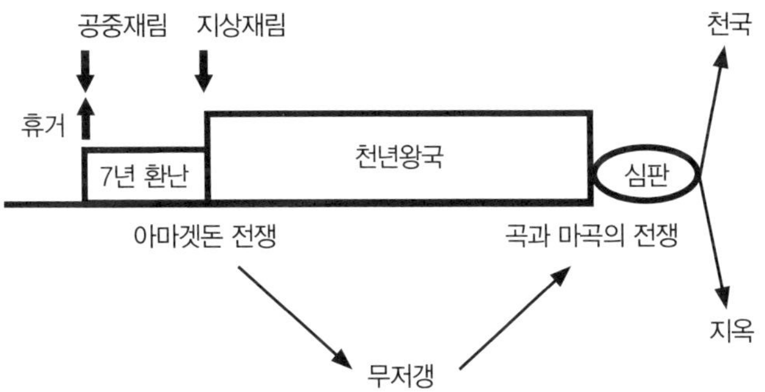

그런데 두 번째 차이가 매우 심각합니다. 세대주의 전천년설을 주장하는 분들은 7년 환난기 동안에 지상에서 율법 세대가 다시 시작된다고 주장합니다. 이것이 왜 심각한 주장인지를 이해하기 위해서는 세대주의가 무엇인지를 알 필요가 있습니다. 그래서 세대주의에 대해 설명을 좀 하도록 하겠습니다.

세대주의

세대주의자들은 성경의 역사를 몇 개의 세대(dispensation)로 나누어서 설명합니다. 세대라는 것은 세대주의자들이 만든 용어입니다. 우선 저는 개인적으로 세대주의를 좋아하지 않는다는 말씀부터 드리고 설명을 시작하는 것이 좋을 것 같습니다. 성경 역사를 몇 개의 시대로 분류하는 것 자체는 이상할 것이 없는 일입니다. 왜냐하면 우리들도 성경을 구약시대와 신약시대, 족장시대와 율법시대, 포로기 이전 시대와 포로기 이후 시대 등으로 나누기 때문입니다.

세대주의자들이 비판을 받는 이유는 그들은 성경을 시대별로 나누는 것에 그치지 않고 각 시대(그들의 용어로는 세대)마다 하나님의 구원의 방법(그들의 용어로는 구원의 경륜)이 달랐다고 주장하기 때문입니다. 그들의 주장에 따르자면 율법 시대에는 구원의 방법이 율법이었습니다. 유대인들에게는 율법이라는 구원의 방법이 주어진 것입니다. 그리고 예수님의 십자가 이후에는 복음이 구원의 방법으로 이방인들에게 주어졌습니다.

일반적인 기독교인들은 구약의 예언들이 예수님을 통해 또 교회를 통해 영적으로 성취되었다고 믿습니다. 그런데 세대주의자들은 구약의 예언들은 문자적으로 그대로 이루어져야 한다고 주장합니다. 그래서 문자적으로 이루어지지 않은 구약 예언들은 미래에 다시 율법 시대가 시작되면 그때 이루어져야 할 것이라고 주장합니다. 그런데 그들이 말하는 미래의 율법 시대가 바로 7년 대환난 시대입니다. 그들은 7년 대환난 시대 직전에 성도들이 휴거함으로써 이방인이 복음으로 구원을 받는 교회 세대는 끝이 나고 이제 구약의 율법 세대가 다시 진행될 것이라고 합니다.

율법은 유대인들을 위한 구원의 방법이 아니다.

우선 이것은 제가 이 책 앞에서 설명했던 구약과 신약의 관계와 충돌합니다. 구약의 성도들도 예수님의 십자가 때문에 구원을 받았습니다. 유대인들을 위한 구원의 방법과 이방인들을 위한 구원의 방법이 다르지 않습니다. 그런데 세대주의자들은 구약이 제시하는 유대인들을 위한 구원의 방법과 신약이 제시하는 이방인들을 위한 구원의 방법이 다르다고 주장합니다. 이것은 성경과 충돌하는 것입니다. 우리가 잘 아는 사도행전 4장 12절 말씀을 살펴보십시오. “다른 이로써는 구원을 받을 수 없나니 천하 사람 중에 구원을 받을 만한 다른 이름을 우리에게 주신 일이 없음이라 하였더라” 이것은 베드로가 유대인들의 최고 의결기관이었던 산헤드린 앞에서 한 말입니다. 유대인이 유대인들에게 예수님 말고 다른 구원자는 없다고 선언한 것입니다.

7년 대환난과 다니엘서

그들은 7년 대환난 시대가 율법 시대의 부활이라고 주장하는데 다니엘 9장 24–27절을 근거구절로 사용합니다. 세대주의의 위험성을 잘 모르는 분들이 이 구절을 요한계시록과 연관시켜 해석하시는 것을 가끔 보는데 대단히 위험한 일입니다.

> "[24] 네 백성과 네 거룩한 성을 위하여 '칠십 이레'로 기한을 정하였나니 허물이 마치며 죄가 끝나며 죄악이 영속되며 영원한 의가 드러나며 이상과 예언이 응하며 또 지극히 거룩한 자가 기름 부음을 받으리라 [25] 그러므로 너는 깨달아 알지니라 예루살렘을 중건하라는 영이 날 때부터 기름 부음을 받은 자 곧 왕이 일어나기까지 '일곱 이레'와 '육십 이 이레'가 지날 것이요 그 때 곤란한 동안에 성이 중건되어 거리와 해자가 이룰 것이며 [26] '육십 이 이레' 후에 기름부음을 받은 자가 끊어져 없어질 것이며 장차 한 왕의 백성이 와서 그 성읍과 성소를 훼파하려니와 그의 종말은 홍수에 엄몰됨 같을 것이며 또 끝까지 전쟁이 있으리니 황폐할 것이 작정되었느니라 [27] 그가 장차 많은 사람으로 더불어 '한 이레' 동안의 언약을 굳게 정하겠고 그가 '그 이레의 절반'에 제사와 예물을 금지할 것이며 또 강포하여 미운 물건이 날개를 의지하여 설 것이며

또 이미 정한 종말까지 진노가 황폐케 하는 자에게 쏟아지리라 하였느니라"(단 9:24-27).

세대주의자들이 이 구절을 어떻게 해석하는지 먼저 알려 드리고 그 다음에 비판을 하도록 하겠습니다. 그들은 24절에 등장하는 '칠십 이레'가 490년을 뜻하는 것이라고 봅니다. '이레'는 원래 일주일인데 예언서에서는 하루를 1년으로 취급하기 때문에 한 이레는 7년이고 70이레는 490년이라는 것입니다. 25절에서 '예루살렘을 중건하라는 영이 날 때'는 바사 즉 페르시아의 고레스 왕 때를 뜻한다고 합니다. 실제로 고레스 왕은 예루살렘 성전 중건을 허락한 왕입니다. "바사 왕 고레스가 이같이 말하노니 하늘의 신 여호와께서 ... 나에게 명령하여 유다 예루살렘에 성전을 건축하라 하셨나니 너희 중에 그의 백성 된 자는 다 올라갈지어다"(대하 36:23). 그 다음에 '일곱 이레'와 '육십 이 이레'가 지난다고 되어 있는데 7과 62를 합하면 69입니다. 70이레 중에서 69이레가 지났을 때 예수님께서 태어나셨다고 합니다.

그런데 세대주의자들은 본문이 예수님 시대에 대해 말하다가 갑자기 27절에서 적그리스도의 시대로 간다고 합니다. 27절에서 '한 이레 동안의 언약'이라는 것이 등장합니다. 70이레 중에 69이레가 고레스부터 예수님까지의 기간이었고 이

제 딱 한 이레가 남았는데 그것이 바로 7년 대환난 기간이라는 것입니다.

〈7년 대환난 시대〉 세대주의자들이 주장하는 7년 대환난 시대의 전개는 이렇습니다. 적그리스도는 정권을 잡지만 유대인들의 적극적인 지지가 필요합니다. 왜냐하면 유대인들이 돈을 가지고 있기 때문입니다. 그래서 적그리스도는 유대인들이 앞으로 7년 동안 유대교를 마음껏 부흥시킬 수 있도록 약속해 주고 유대인들과 언약을 맺습니다. 그것이 27절에 등장하는 '한 이레 동안의 언약'입니다.

그런데 한 이레의 절반이 지났을 때, 즉 3년 반이 지났을 때, 적그리스도는 유대인들을 배신합니다. 그것이 27절 중간에 등장하는 "그가 그 이레의 절반에 제사와 예물을 금지할 것이며"라는 말씀의 뜻입니다. 적그리스도가 처음에는 유대인들의 도움이 필요해서 그들과 협약을 맺었지만 나중에는 자신의 힘이 충분히 커졌기 때문에 유대인들을 배신한다는 것입니다. 그래서 유대인들은 나중 삼 년 반 동안 적그리스도에 의해 엄청난 핍박을 받게 됩니다. 그때 유대인들 중 많은 이들이 하나님께 회개하고 돌아오게 된다고 합니다. 이것이 세대주의자들이 주장하는 다니엘서 본문과 7년 대환난 사이의 이야기입니다.

〈비판〉 이것은 잘못된 해석입니다. 비판하기가 별로 어렵지 않습니다. 성경은 성경으로 풀어야 합니다. 무슨 말인가 하면 성경을 해석할 때는 성경적인 해석방법에 따라 풀어가야 한다는 뜻입니다. 그런데 성경에서 하나님께서 어떤 기간을 말씀하실 때는 그것은 항상 연속해서 이어지는 하나의 기간입니다.

하나님께서 아브라함에게 애굽(이집트)인들이 네 자손들을 400년 동안 괴롭힐 것이라고 하셨습니다. "여호와께서 아브람에게 이르시되 너는 반드시 알라 네 자손이 이방에서 객이 되어 그들을 섬기겠고 그들은 사백 년 동안 네 자손을 괴롭히리니"(창 15:13). 그러면 그 기간은 연속적인 400년입니다. 350년 동안 종살이를 시키시다가 너무 힘들어 하는 것 같으니까 종살이를 중지하고 한 20년 동안 자유민으로 살게 하시고, 다시 50년 동안 종살이를 하도록 해서 400년을 채우시는 것이 아닙니다. 하나님께서는 이스라엘 백성들이 연속적인 하나의 기간 동안 종살이를 하게 하셨습니다.

또 예레미야를 통해 유대 땅이 폐허가 되고 유대인들이 70년 동안 바벨론 왕을 섬길 것이라고 하셨으면(렘 25:11) 그 70년은 연속적으로 이어지는 70년입니다. 땅이 68년 동안 황무했다가 중간에 10년 동안 다시 농사를 짓고, 다시 2년 동안 황무하게 되어 70년을 채우고 그러는 것이 아닙니다. 성경에서 하나님께서 어떤 기간에 대해 말씀하시면, 그것은 항상 예외 없이 연속적으로 이어진 기간을 말합니다.

그러므로 다니엘 9장 24절에서 70이레로 기한을 정했다고 하셨으면 그것은 490일이건 490년이건 반드시 연속된 기간이어야 합니다. 그런데 세대주의자들은 69이레와 마지막 한 이레 사이에, 당장 지금 7년 대환난이 시작된다 해도, 최소한 이천 년의 기간이 끼어 있다고 합니다. 그것은 전혀 성경적이지 못한 주장입니다. 그러므로 7년 대환난 기간이 율법 시대의 연장이라는 것을 주장하기 위해 다니엘서의 이 본문을 사용하는 것은 옳지 못한 일입니다.

구약의 예언들은 예수님과 교회를 통해 이루어졌다.

일반적인 기독교인들은 구약의 예언들이 예수님과 교회를 통해 영적으로 성취되었다고 주장합니다. 반면 세대주의자들은 구약의 예언들은 문자적으로 미래에 이루어져야 할 것이라고 주장합니다. 그런데 우리의 주장이 옳다는 것을 보여주는 성경의 예가 있습니다. 예루살렘에서 사도 회의가 있었을 때 야고보는 구약 아모스서를 인용하면서 이렇게 이야기합니다.

"14 하나님이 처음으로 이방인 중에서 자기 이름을 위할 백성을 취하시려고 저희를 권고하신 것을 시므온이 고하였으니

[15] 선지자들의 말씀이 이와 합하도다 기록된 바 [16] 이 후에 내
가 돌아와서 다윗의 무너진 장막을 다시 지으며 또 그 퇴락
한 것을 다시 지어 일으키리니 [17] 이는 그 남은 사람들과 내
이름으로 일컬음을 받는 모든 이방인들로 주를 찾게 하려 함
이라 하셨으니"(행 15:14-17).

야고보가 인용하고 있는 것은 아모스 9장 11절입니다. "그 날에 내가 다윗의 무너진 천막을 일으키고 그 틈을 막으며 그 퇴락한 것을 일으키고 옛적과 같이 세우고." 야고보는 다윗 왕조 재건에 대한 이 말씀을 이방인들의 구원으로 해석하고 있습니다. 그러므로 구약의 예언들은 예수님의 사역과 교회의 건립을 통해 영적으로 실현되었다고 해석하는 것이 옳습니다.

책을 마치며

기독교인들이 신약성경을 읽을 때 미리 알아두면 좋을 핵심적인 사항들을 추려서 쉽게 설명하려고 애를 썼습니다. 이 책이 교회가 건실하게 성장하는 데 도움이 되었으면 좋겠습니다.

참고문헌

Jakob van Bruggen. Christus op aarde. Kampen: KOK, 1989.
김병국, "바울신학의 새 관점과 정지조건부법률행위: 신학과 법학의 만남." 신앙과 학문. 2015년, 20(4), 7-36.

dell'Angolo
d'Adriano
Muro cominciato da Agrippa
MONTE BEZETA
Città nuova
Palazzo d'Erode
Conserva di Bethesda
Porta degli Armenti
T. d'Antonia
Torrente di
Calvario
Sepolcro
Palazzo de' Maccabei
Tempio
MONTE MORIA
Torra di Psefina
MONTE ACRA
Città Bassa
Palazzo di Salomone
Torre Ippicos
Torre di Fasaele
T. di Marianna
Città di Davide
MONTE SION
Palazzo di Davide
Città Alta
Porta dell'Acqua
Acquedotto
VALLE DEI
Regione della morte
ME

Muro cominciato da Agrippa
MONTE BEZETA
Città nuova
Palazzo d'Erode
Conserva di Bethesda
Porta degli Armeni
T. d'Antonia
Sepolcro
Palazzo de' Maccabei
Tempio
MONTE MORIA
Torra di Psefina
MONTE ACRA
Città Bassa
Valle Tyropoeon
Palazzo di Salomone
Torra Ippicos
Torra di Fasaele
T. di Marianna
Città di David
MONTE SION
Palazzo di David
Città Alta
Muro di Manasse
Fte. di Siloe
Porta dell'Acqua
Torrente di
VALLE
DI GIOSAFAT
Acquedotto
VALLE DEI
Regione della morte